# A PROFECIA
# MAIA PARA 2012

# A PROFECIA MAIA PARA 2012

## O Calendário Maia e o Fim dos Tempos

David Douglas

Tradução
GILSON CÉSAR CARDOSO DE SOUSA

Editora
Pensamento
SÃO PAULO

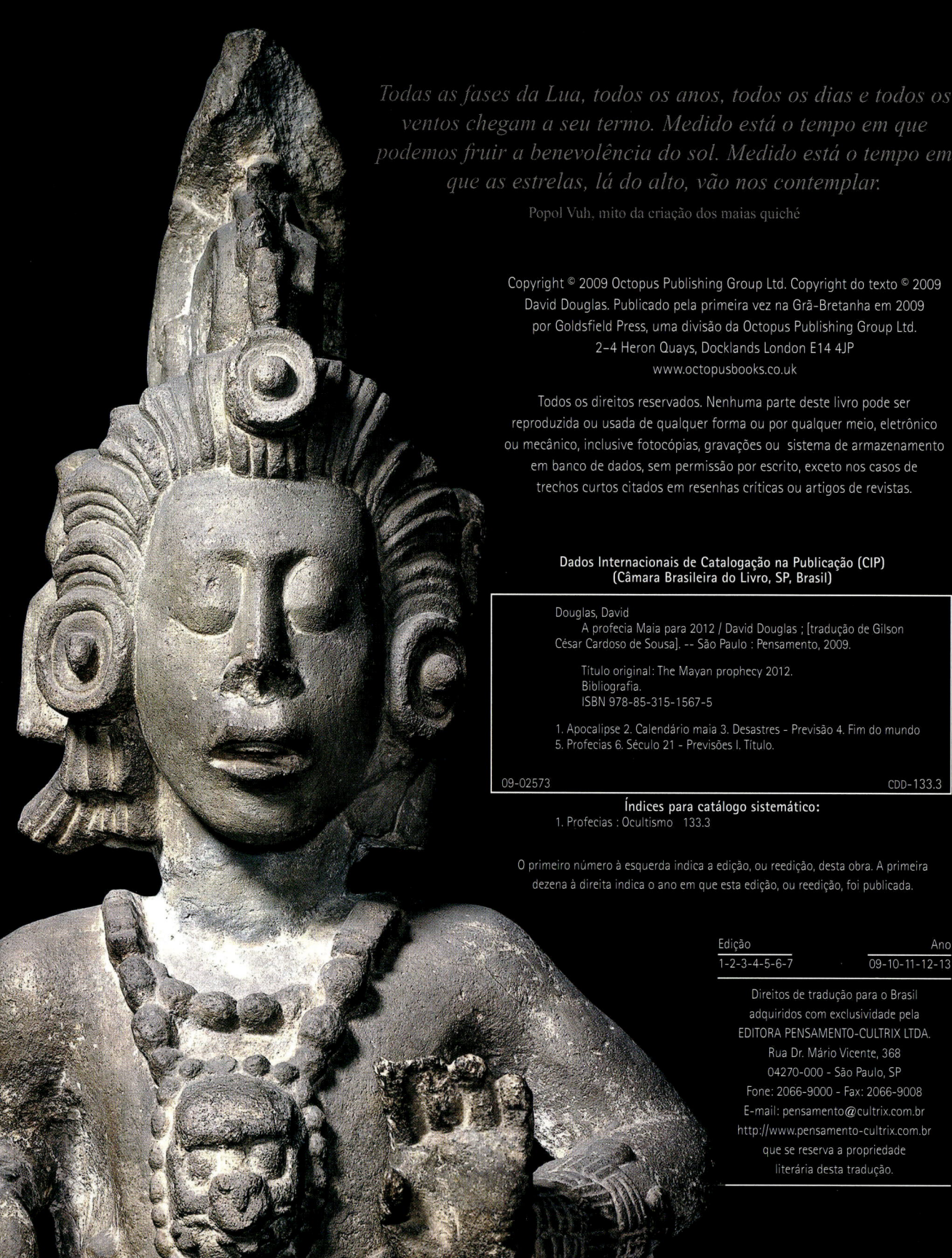

*Todas as fases da Lua, todos os anos, todos os dias e todos os ventos chegam a seu termo. Medido está o tempo em que podemos fruir a benevolência do sol. Medido está o tempo em que as estrelas, lá do alto, vão nos contemplar.*

Popol Vuh, mito da criação dos maias quiché

Copyright © 2009 Octopus Publishing Group Ltd. Copyright do texto © 2009 David Douglas. Publicado pela primeira vez na Grã-Bretanha em 2009 por Goldsfield Press, uma divisão da Octopus Publishing Group Ltd.
2-4 Heron Quays, Docklands London E14 4JP
www.octopusbooks.co.uk

Todos os direitos reservados. Nenhuma parte deste livro pode ser reproduzida ou usada de qualquer forma ou por qualquer meio, eletrônico ou mecânico, inclusive fotocópias, gravações ou sistema de armazenamento em banco de dados, sem permissão por escrito, exceto nos casos de trechos curtos citados em resenhas críticas ou artigos de revistas.

**Dados Internacionais de Catalogação na Publicação (CIP)**
**(Câmara Brasileira do Livro, SP, Brasil)**

Douglas, David
   A profecia Maia para 2012 / David Douglas ; [tradução de Gilson César Cardoso de Sousa]. -- São Paulo : Pensamento, 2009.

   Título original: The Mayan prophecy 2012.
   Bibliografia.
   ISBN 978-85-315-1567-5

   1. Apocalipse 2. Calendário maia 3. Desastres - Previsão 4. Fim do mundo 5. Profecias 6. Século 21 - Previsões I. Título.

09-02573                                                            CDD-133.3

**Índices para catálogo sistemático:**
1. Profecias : Ocultismo   133.3

O primeiro número à esquerda indica a edição, ou reedição, desta obra. A primeira dezena à direita indica o ano em que esta edição, ou reedição, foi publicada.

Edição                                Ano
1-2-3-4-5-6-7                    09-10-11-12-13

Direitos de tradução para o Brasil
adquiridos com exclusividade pela
EDITORA PENSAMENTO-CULTRIX LTDA.
Rua Dr. Mário Vicente, 368
04270-000 - São Paulo, SP
Fone: 2066-9000 - Fax: 2066-9008
E-mail: pensamento@cultrix.com.br
http://www.pensamento-cultrix.com.br
que se reserva a propriedade
literária desta tradução.

# SUMÁRIO

**Capítulo 1**
QUAL É A PROFECIA MAIA?  **6**

**Capítulo 2**
OS MAIAS: ORIGENS EXTRAORDINÁRIAS, FIM TRÁGICO  **24**

**Capítulo 3**
A VISÃO DE MUNDO DOS MAIAS  **48**

**Capítulo 4**
O CALENDÁRIO MAIA EM DETALHE  **68**

**Capítulo 5**
ASTRONOMIA, DESTINO E PROFECIA  **94**

**Capítulo 6**
A MENSAGEM DO CALENDÁRIO  **118**

**Capítulo 7**
UMA NOVA AURORA OU UMA NOITE SEM FIM?  **146**

BIBLIOGRAFIA  **154**

ÍNDICE  **156**

AGRADECIMENTOS  **160**

## Capítulo 1
# QUAL É A PROFECIA MAIA?

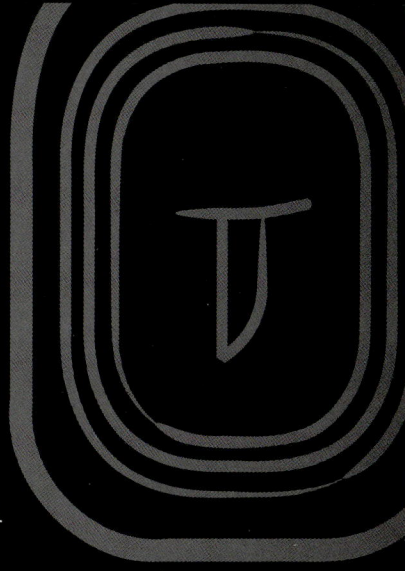

2012. Dois mil e doze. Ou, mais exatamente, 21 de dezembro de 2012 d.C.: 21/12/2012. Essa data parece agigantar-se na imaginação popular. Pessoas no mundo inteiro estão falando de 2012, como de um espectro saído das brumas do futuro, por assim dizer. "Sabemos que tem base; não, porém, o que vai acontecer exatamente." Mas então quem sabe – ou, pelo menos, alega saber – o que acontecerá? E, para início de conversa, de onde veio essa data fatídica?

Só nos últimos 100 anos é que muitos dos mistérios do povo maia, da América Central, foram revelados. E talvez o maior de todos seja o calendário de Longa Duração, que iniciou seu último Grande Ciclo a 13 de agosto de 3114 a.C. para terminar 5.125 anos e 132 dias depois, no solstício de inverno de 2012. Embora saibamos hoje que os maias, além de grandes matemáticos, foram astrônomos espantosamente acurados e artistas tremendamente talentosos, será possível que possuíssem também uma capacidade de prever quase sobrenatural, baseada no conhecimento dos ciclos naturais? Poderia uma cultura dessas – que floresceu há mais de mil anos – ter de fato previsto o fim da atual civilização da Terra na segunda década do terceiro milênio?

# O Tempo e os Maias

*Acima de tudo, os maias eram mestres em três áreas: tempo, astronomia e números. Sem dúvida, esses três aspectos da vida estão intimamente ligados. O conceito de tempo dos seres humanos sempre foi extraído da observação dos corpos celestes e sempre foram necessários números para medir os movimentos astronômicos que geram o tempo.*

*Este calendário maia de pedra, proveniente de Tikal, Guatemala, mostra sacerdotes executando um ritual com crânios e ossos.*

Nos anos entre 250 e 900 d.C., os maias clássicos (como eram conhecidos nesse período) alçaram seus conhecimentos de astronomia, calendário e matemática a um nível espantoso. Movidos, aparentemente, pelo anseio obsessivo de entender seu lugar no universo e predizer o próprio destino, os maias registravam tudo em forma matemática e simbólica. Seus sacerdotes-astrônomos anotavam os movimentos do Sol, da Lua, de Vênus, de Marte e da Via-Láctea. Ao mesmo tempo, líderes e servos eternizavam os grandes acontecimentos de suas vidas: nascimento, guerras, destruição de cidades, entronização e morte.

## Calendários maias

Para inserir os acontecimentos na linha do tempo, os maias adotaram e aperfeiçoaram o calendário de Longa Duração herdado de seus ancestrais, os olmecas. O calendário de Longa Duração era, e ainda é, um notável sistema de contagem que permitia aos maias colocar os acontecimentos – celestes ou terrestres – no tempo absoluto. O sistema lhes ensinava quando as eras começavam e findavam, quando a influência de certos deuses se fez sentir pela primeira vez e cessou.

Essa não era, porém, a única forma de calendário usada por eles. Com efeito, para alguns especialistas, os maias chegaram a adotar nada menos que dezessete calendários! Se o de Longa Duração lhes permitia situar os acontecimentos numa linha de tempo de 5.125 anos e 132 dias, os outros tinham funções diferentes. Os principais calendários que os maias utilizaram paralelamente ao de Longa Duração foram o Tzolkin (calendário sagrado de 260 dias) e o Haab' (de

365 dias, que com alguns ajustes funcionava como o nosso ano solar). A combinação do Tzolkin e do Haab' propiciou ainda um ciclo de 52 anos, chamado de Calendário Periódico, ao fim do qual se realizava uma cerimônia do fogo para garantir a continuidade do tempo e da vida. Durante esse festival, reajustava-se o Haab' para adequá-lo às observações dos maias, como fazemos hoje recorrendo ao ano bissexto.

O uso do Haab' de 365 dias para medir o ano solar talvez sugira que os maias não eram precisos em sua astronomia. A verdade não é bem essa. Como veremos nos capítulos posteriores, suas observações – feitas sem telescópio ou outro instrumento mecânico qualquer – alcançaram uma exatidão inexistente nas de muitas culturas que estudaram as estrelas centenas de anos depois deles.

## Os planetas como instrumentos do Destino

As medidas dos maias não eram um mero projeto científico que buscava o conhecimento pelo conhecimento. Eles viviam num mundo repleto de metáforas e símbolos religiosos. Para os maias, os planetas e as estrelas não eram coisas mortas; eram, em sua mitologia criativa, a encarnação viva dos deuses e, acima de tudo, as forças que decidiam o destino de cada homem ou mulher. A partir da observação dos planetas, os maias elaboravam profecias complexas e detalhadas de cada aspecto de sua existência – profecias para dias, anos ou períodos bem mais longos, que iam além do prazo de suas vidas na terra e chegavam ao futuro. Agora, porém o futuro dos maias é o nosso presente.

Não causa surpresa que o fim do calendário de Longa Duração, marcado para 21 de dezembro de 2012, fosse uma data de enorme importância para os maias – e o seja para nós. Ele representa o ponto alto da quinta idade maia, o encerramento de todos os ciclos e a hora que os deuses aguardam para ceifar a humanidade.

No entanto, os maias não foram capazes de prever sua própria e rápida decadência: mais depressa do que chegaram ao ápice, desapareceram. Em consequência de alguma tragédia de caráter extraordinário, que deixa perplexos os arqueólogos, abandonaram suas grandes cidades, as quais, quase intactas, foram cobertas pela floresta. Ainda hoje se discutem as causas da destruição: seca, guerra, infertilidade, mudança climática ou aumento descontrolado da população. Essas e outras teorias continuam sendo estudadas e nenhuma resposta satisfaz. Ironicamente, a civilização maia parece ter desaparecido antes do tempo.

*Esta estela em Toniná representa o início do calendário de Longa Duração: 4 Ahau 8 Kumku. No calendário gregoriano, a data equivale a 13 de agosto de 3114 a.C.*

# Profecias apocalípticas

*A ideia do fim dos tempos, do apocalipse e da destruição global acompanha a humanidade desde seus primórdios. Falar a respeito disso é reconhecer nossa transitoriedade e saber que todos morreremos. Ora, se as pessoas morrem, também os mundos morrerão. Como estrelas desaparecem no céu, é de crer que nosso pequenino planeta, a girar no espaço, esteja marcado pelo mesmo destino – embora não saibamos quando.*

Ao longo da história, a concepção apocalíptica foi expressa por praticamente todas as culturas importantes. Quer falem de dilúvio, fogo, seca ou qualquer outra manifestação natural, os mitos universais de um fim catastrófico, que provocará a morte de todos os seres a um aceno de mão da divindade, corporificam nossos medos mais primitivos.

O povo maia da América Central, que viveu no primeiro milênio da Era Cristã, criou uma das culturas mais sofisticadas já vistas na Terra. Alguns de seus últimos descendentes, conhecidos como *Maya Daykeepers* (Guardião dos Dias), ainda hoje exibem seus talentos em astronomia, matemática e artes proféticas. A quinta e última era do calendário maia, iniciada em 13 de agosto de 3114 a.C., deverá terminar em 21 de dezembro de 2012. Sabemos disso por causa dos monumentos de pedra decifrados há relativamente pouco tempo e dos poucos documentos, ou códices (ver p. 43), que sobreviveram à bárbara destruição provocada pelos conquistadores espanhóis no século XVI.

### O fim da quinta era

Foi, e ainda é, crença das muitas tribos maias que se estabeleceram no México oriental, Guatemala, Honduras e El Salvador durante os últimos dois mil anos, que a quinta era do Sol terminará em meio a mudanças de um tipo jamais visto na Terra. Um dos mais proeminentes líderes espirituais contemporâneos do povo maia é Dom Alejandro Cirilo Perez Oxlaj, presidente do Conselho Nacional dos Anciãos Maias, sediado na Guatemala. Ele divulgou, há pouco, sua visão do que logo acontecerá: "No dia 20 de dezembro de 2012, a Mãe Terra cruzará o centro de um eixo magnético e ficará mergulhada numa grande nuvem negra durante o prazo de 60 a 70 horas. Sem dúvida não terá forças para sobreviver aos efeitos deletérios da degradação ambiental. Penetrará em outra era, mas à custa de graves e terríveis acontecimentos. Terremotos, maremotos [tsunamis], inundações, erupções vulcânicas e epidemias assolarão o mundo. Poucos serão os sobreviventes."

Ainda assim, Dom Alejandro acredita que o ano 2012 - e o período que nos separa dele – serão um tempo de grande potencial de transformação para aqueles que escolherem o caminho do espírito.

Outro dado positivo com relação ao significado de 2012 foi fornecido por um xamã maia-asteca de nome Quetza-Sha. Ele anunciou em 1991, durante um eclipse total do Sol no México, que já se iniciara o processo do Retorno de Quetzalcoatl (ou Kukulkán, como era

conhecido entre os maias) – a Serpente Emplumada –, uma divindade maior em todas as tradições da América Central (ver p. 120). Esse processo, afirmou Quetza-Sha, levará ao nascimento de uma nova raça em 2012: "Esse ano não assinalará a ruína do planeta, mas a transformação do espírito, da energia sexual, da força de nossos corações e mentes em todas as dimensões da existência humana no sistema solar.

## Outras visões apocalípticas

Os maias não foram o único povo a atentar para o ano de 2012. Há, nos calendários tibetano, hindu (védico) e judaico, ciclos que apontam 2012 como uma data importante. De uma perspectiva mais profética, existem inúmeros povos nativos e indígenas que pensam da mesma maneira. Os maoris da Nova Zelândia têm uma lenda segundo a qual os filhos de Tane (a humanidade) serão destruídos por Ranji e Papa (o Céu e a Terra) quando, muito perturbados pelas guerras e conflitos, sequer se darem conta do que lhes acontece. Isso, como asseguraram recentemente alguns anciãos maoris, acontecerá em 2012, momento em que se desvanecerá o véu entre os planos material e espiritual.

*Esta imagem ornamental, cuidadosamente elaborada, é parte do Códice de Madrid que data, segundo se crê, do século XV. Em essência manuais dos sacerdotes, os códices maias registravam informações astronômicas necessárias para preservar os rituais e prever o futuro.*

## O fim dos tempos dos zulus

Um xamã zulu chamado Credo Mutwa conta a seguinte lenda sobre uma terrível estrela do tipo conhecido como Mu-sho-sho-no-no. Em 1999, Mutwa assim narrou a história do fim dos tempos segundo sua tribo:

> ... Disseram-me os contadores de histórias de nossas tribos que a água fresca não é nativa da Terra. Que, há muitos milhares de anos, uma estrela pavorosa do tipo Mu-sho-sho-no-no, de longa cauda, veio descendo dos céus. Chegou tão perto que a Terra virou de cabeça para baixo: o céu ficou "em cima" e o paraíso, "embaixo". O mundo inteiro se inverteu. O Sol nasceu no sul e se pôs no norte. Então começaram a cair gotas de uma substância inflamada e negra, semelhante ao alcatrão derretido, consumindo todos os seres vivos que não conseguiam escapar. Em seguida desabou um tremendo dilúvio de água acompanhado por ventos tão tempestuosos que arremessavam para longe os picos das serras. Depois vieram enormes pedaços de gelo, maiores que qualquer montanha, e cobriram o mundo inteiro por gerações. Então, os sobreviventes tiveram uma visão espantosa: rios e regatos cuja água podiam beber e onde agora nadavam alguns peixes fugidos do mar. Eis a grande história de nossos antepassados. E, pelo que sabemos, tudo isso acontecerá de novo em breve. A gigantesca estrela, feita da lava de nosso Sol, voltará no dia do ano do touro vermelho, 2012.

Culturas americanas antigas, como a dos anasazi, que construíram o Palácio do Rochedo em Mesa Verde, tinham suas próprias ideias a respeito do final apocalíptico dos tempos – algumas das quais lembram surpreendentemente as predições dos maias.

## Profecias dos nativos americanos

Há também vários povos nativos americanos que veem o ano de 2012 como uma fase importante de mudanças e transformações na Terra.

Os membros da Wolf Clan Teaching Lodge, guardiães da tradicional medicina do povo seneca, têm suas próprias profecias sobre a história do mundo. O ancião Moses Shongo, falecido por volta de 1925, prescreveu um período de 25 anos de purificação até 2012, durante o qual "a Terra será purgada". Fato interessante, esse período de purificação começaria, disse ele, em 1987, ano mais tarde identificado pelo escritor José Argüelles (ver p. 132) como o da Convergência Harmônica, um evento de meditação global celebrado a 16-17 de agosto de 1987 com centenas de milhares de participantes ao redor do mundo.

Membros da nação cherokee divulgaram inúmeras ideias proféticas sobre o futuro da Terra. O escritor e especialista em cultura cherokee Raven Hail resgatou um calendário desse povo para nossa época, antes de falecer com a idade de 84 anos em 2005. O calendário sagrado cherokee, muito semelhante aos dos maias e astecas, prevê que a era atual do Heron (o "Sol do Movimento" para os astecas) acabará em terremotos. Data final: 18 de dezembro de 2012.

Dan Troxell, "de sangue cherokee chickamauga", descreve um calendário desse povo que obedece a ciclos de 1.144 anos. O ciclo é dividido em 22 seções de 13 paraísos e 9 infernos (ideia presente também no calendário maia); nesses termos, nós estamos num período de "travessia" ou transição de 25 anos, das Trevas para a Luz, período que terminará em 2012 quando a Terra nascerá de novo.

## O fim do Quarto Mundo

Os índios pueblo, que vivem no Novo México e Arizona, descendem dos anasazi. Identificam-se como acoma, hano, hopi, laguna, navajo e zuni. Um mestre pueblo de nome Vento Que Fala, falecido em 22 de dezembro de 1998, fez pouco tempo antes de falecer uma série de profecias sobre as mudanças na Terra que já estariam ocorrendo:

> *... a purificação final da Terra teve início em junho de 1998. Em setembro do mesmo ano, os cinco irmãos [planetas] alinharam-se para fomentar as energias purificadoras da Terra. O caos ou supressão das ilusões e da mentira que todos vêm antecipando começará entre janeiro e abril de 1999 e persistirá até os nove irmãos [planetas] se alinharem novamente, a 5 de maio de 2000. Dessa data até o último dia do Quarto Mundo, 22 de dezembro de 2012, lido em nossos calendários estelares, todas as criaturas vivas serão purgadas. Caso a humanidade não se livre voluntariamente das ilusões e da mentira, padecerá outra vez a mesma tragédia. E mal começamos a sentir-lhe os efeitos desde junho de 1998. O vigésimo terceiro dia de dezembro de 2012 será o primeiro do Quinto Mundo.*

Os hopi do Arizona acreditam que estamos vivendo no Quarto Mundo, de um total de Sete Mundos ou eras. Dizem que cada um dos três anteriores acabou em cataclismo: o primeiro, em fogo; o segundo, quando a Terra perdeu o equilíbrio e girou duas vezes, provocando inundações e geleiras; e o terceiro, em dilúvio. Sustentam ainda que, ao fim da era atual, haverá uma grande purificação, embora não marquem data para esse acontecimento.

## Predições incas

Os incas do Peru e Bolívia também têm, ao que parece, sua própria visão do ano 2012. Joan Parisi Wilcox, autora de Keepers of the Ancient Knowledge, conviveu com os sacerdotes q'ero do Peru e foi iniciada em seus conhecimentos proféticos relativos a uma evolução espiritual global e à nossa entrada na Idade do Ouro. Até certo ponto, a filosofia deles se inspira na concepção católica quinhentista das três idades: a idade do Pai, a idade do Filho e a idade do Espírito Santo. Os q'ero, que chamam esta última de "Taripay Pacha", afirmam que ela começou entre 1º de agosto de 1990 e 1º de agosto de 1993, período em que a Terra passou por uma espécie de transmutação, a *pachakuti* ou "reviravolta do espaço-tempo". Dizem também esses nativos que a era de Taripay Pacha chegará a 2012, quando terá início, para a humanidade evoluída, a Idade de Ouro.

*Acima: A pedra Intihuatana (Parada do Sol), na cidade inca de Machu Picchu, prestava-se a inúmeras funções astronômicas. Uma delas era registrar o zênite solar, momento em que o astro a pino não projeta nenhuma sombra.*

Outra profecia inca foi divulgada por um descendente da nação quechua chamado Willaru Huayta: o calendário inca se encerrará em 2013, tão logo um "enorme asteroide magnético", três vezes maior que Júpiter, passe perto da Terra. Segundo a profecia de Huayta, o cataclismo assim provocado destruirá a maior parte dos homens, poupando apenas alguns que se tornarão as "sementes" da Sexta Geração. Ainda nos termos da profecia, aqueles que procurarem superar o próprio ego e curar sua doença espiritual conseguirão unir-se a esse grupo seleto.

## Interpretação das profecias

Mas que significarão todas essas profecias, positivas e negativas? Deveremos ficar amedrontados, inquietos ou excitados? Como nos prepararmos para semelhantes acontecimentos? Que exigirão de nós os tempos atuais, como indivíduos e espécie responsáveis por este planeta chamado Terra? Haverá alguma ligação entre o que se profetizou e as mudanças provocadas pela degradação ambiental em marcha?

Antes de tentar responder a essas perguntas difíceis e desafiadoras, talvez devêssemos examinar as evidências científicas relativas aos processos capazes de promover tais mudanças.

*Página oposta: O observatório astronômico de Machu Picchu. Como os maias, os incas e seus descendentes tinham profecias, baseadas em cálculos astronômicos, concernentes a 2012 e ao fim da era atual.*

# Manchas solares, clarões solares e mudanças no campo magnético

*Nos últimos 20 anos, aumentou bastante o número de trabalhos científicos segundo os quais as alterações do clima terão sérias consequências para a vida neste planeta. No entanto, se tais alterações são obra unicamente do homem, como acreditar – conforme o calendário maia sugere, no dizer de alguns – que façam parte de ciclos naturais responsáveis, em última instância, pelo futuro cataclismo? Sem dúvida, para uns poucos cientistas corajosos, as forças que provocam grandes conflagrações e desastres globais derivam na verdade dos ciclos solares e não da interação humana com o mundo natural.*

### Ciclos solares e atividade das manchas solares

As pesquisas mais recentes sobre os ciclos solares e, em particular, sobre a atividade das manchas solares chegaram a conclusões que talvez tenham algo a ver com os acontecimentos de 2012. As manchas solares são as zonas escuras na superfície do astro, que aparecem quando linhas de força magnética próximas da camada externa conseguem perfurá-la, saindo e entrando. Se isso ocorre, elas liberam clarões e "ejeções de massa coronal" que enviam radiação e partículas carregadas à Terra. Essas tempestades solares podem romper a atmosfera terrestre, provocar panes em satélites e aparelhos elétricos ou mesmo, se acreditarmos em alguns especialistas, iniciar períodos de secas e até confundir os ciclos de fertilidade nos seres humanos e outros mamíferos.

O principal ciclo solar que os cientistas estudam dura aproximadamente 11 anos e é chamado ciclo de Schwabe. Além de assinalar picos de atividade solar, ele fornece o período em que o astro inverte seus polos magnéticos. Há ciclos mais longos, como o Suess de 208 anos e o Hallstatt de 2.300 anos, os quais registram flutuações periódicas mais demoradas. O ciclo de Suess, em particular, vem sendo estreitamente associado às grandes mudanças climáticas, inclusive a elevada incidência de secas.

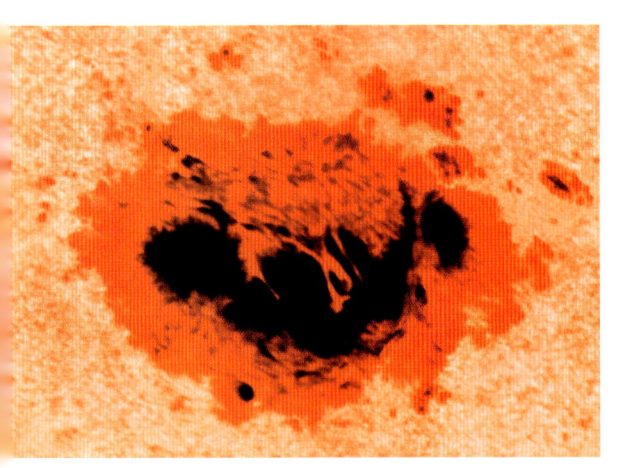

*Os registros da atividade das manchas solares, que vêm sendo feitos desde 1749, mostram que ela aumentou consideravelmente, influenciando de maneira significativa o aquecimento global nos últimos 60 anos.*

### Quebra de recordes nos eventos solares a partir de 2001

Com as pesquisas enfocando cada vez mais as mudanças climáticas, os estudos científicos da atividade das manchas solares também se multiplicaram nos últimos anos e foram associados, por alguns especialistas, a determinados fatores que afetam a vida na Terra, inclusive a fertilidade das plantas e dos seres humanos. O aumento de interesse deveu-se em parte à detecção de um enorme clarão solar ocorrido no início de 2001. Normalmente, passam-se cerca de 11 anos antes de a atividade interna do Sol se deslocar de um hemisfério para outro. Em consonância

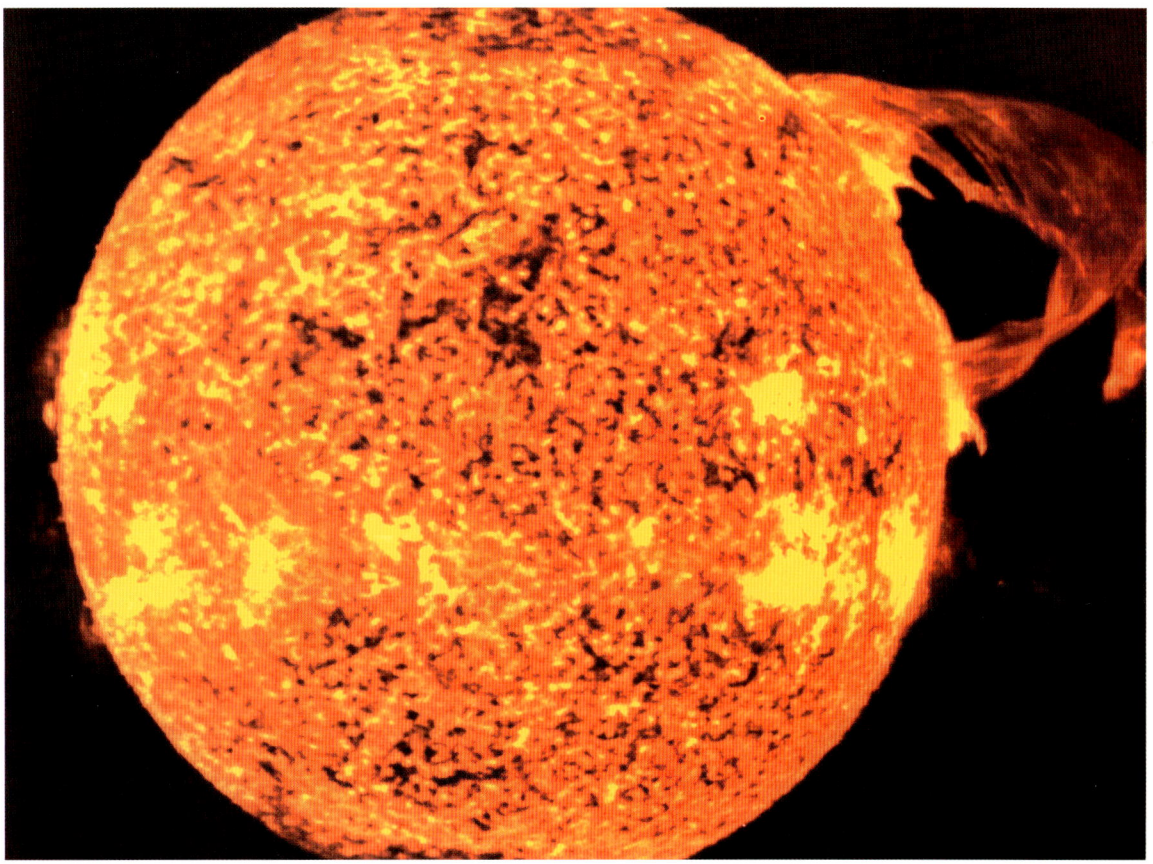

*Esta imagem da NASA mostra uma "ejeção de massa coronal" ou episódio de clarão solar. Tais fenômenos ocorrem em regiões da superfície solar com intensa atividade magnética. Segundo alguns cientistas, a violência crescente das descargas solares pode ser responsável por grandes catástrofes na Terra.*

com esse ciclo previsto, um grande evento estava marcado para março/abril de 2000, embora na realidade ele só atingisse o pico em fevereiro de 2001. Em abril desse mesmo ano, um clarão solar que quebrou todos os recordes atingiu a Terra, excedendo o ponto máximo até então alcançado de X-20 na escala de medição desses fenômenos. George Withbroe, diretor científico do Programa de Conexão Sol-Terra da NASA, declarou: "Foi o ponto alto da atividade solar em toda a história. As imagens e os dados ultrapassaram as previsões mais extravagantes dos astrônomos da geração anterior."

Mas a declaração de Withbroe logo ficaria anacrônica. Nos 30 meses seguintes, ocorreu uma série de eventos sem precedentes. Em junho de 2001, a aurora boreal, normalmente visível apenas em altas latitudes, perto do Círculo Ártico, foi vista bem ao sul, no México. Em 2002, o invólucro gasoso do Sol se rompeu depois de um fenômeno conhecido como ejeção de massa solar (*coronal mass ejection*, CME). Essa CME foi a mais complexa que os cientistas já tinham constatado. O ano 2003 trouxe ainda mais surpresas: nove formidáveis erupções solares ocorreram em apenas 12 dias – algo de que nunca se ouvira falar. Mas então, a 4 de novembro do mesmo ano, deu-se um acontecimento assombroso: o maior clarão solar isolado que os cientistas já testemunharam. Na época, pensou-se que estaria entre X-28 e X-35 na escala de avaliação da intensidade de radiação solar; mas hoje se sabe que foi

*O Sol era presença constante em todas as culturas pré-colombianas. No calendário asteca vemos o deus solar Tonatiuh, que esse povo considerava o governante da atual era do Quinto Sol.*

bem maior. O fenômeno desarticulou inúmeros sistemas eletrônicos e de satélites, calou transmissões radiofônicas e provocou sobrecargas de rede, estabelecendo um novo patamar para os danos potenciais da atividade solar.

## As teorias de Cotterell

O aumento geral da atividade solar vem preocupando os cientistas, pois, segundo eles, os níveis atuais dessa atividade são os mais altos em cerca de oito mil anos. E intriga também os estudiosos do calendário maia e suas implicações. O cientista e pesquisador da cultura maia Maurice Cotterell estuda os efeitos da atividade das manchas solares sobre os seres humanos desde 1988, quando publicou seu livro *Astrogenetics*. Todavia, em 1995, passou a considerar mais de perto a ideia segundo a qual pode ocorrer em 2012 um fenômeno solar que provocará uma mudança nos polos magnéticos da Terra, uma série de desastres naturais e várias alterações significativas na capacidade reprodutora humana. Em sua obra bastante conhecida *The Mayan Prophecies*, escrita a quatro mãos com Adrian Gilbert, Cotterell apresenta ideias detalhadas sobre como os efeitos dos ciclos de manchas solares de longa duração, em períodos de milhares de anos, já exterminaram culturas anteriores graças ao mesmo processo cíclico, cada qual comprometendo gravemente a fertilidade dos seres humanos.

Cotterell também percebeu um vínculo entre ciclos magnéticos solares e atividade magnética no interior da própria Terra. Ele não está só ao acreditar que nosso planeta sofrerá uma inversão de polaridade magnética – fato que ocorreu inúmeras vezes em sua história, provavelmente em conjunção com outros efeitos devastadores. Há séria discordância, na comunidade científica, quanto ao número de vezes que isso ocorreu no passado "longínquo", mas pelo consenso geral a última inversão – conhecida como inversão de Brunhes-Matuyama – deve remontar a cerca de 780 mil anos. Sabe-se já que a atual força do campo magnético da Terra vem diminuindo a olhos vistos: mais ou menos 15% nos últimos 150 anos. A comunidade científica concorda em que, se a taxa de redução continuar no mesmo ritmo, um colapso dos campos magnéticos terrestres poderá acontecer dentro de poucas centenas de anos. Se essa taxa se acelerar, porém, a catástrofe sobrevirá muito antes, conforme supõe Maurice Cotterell. Caso suceda mesmo, os efeitos possíveis são muitos, alguns dos quais sem dúvida conduzirão àquilo que os especialistas, polidamente, chamam de "extinção biológica". Nós preferimos dizer "o fim da vida humana".

## As predições de Peacock

Uma confirmação curiosa dos processos de mutação do Sol partiu de um radioamador australiano chamado Kevin Peacock, depois de observar que a qualidade dos sinais do seu aparelho era afetada pela atividade solar. Feita a observação, Peacock empreendeu um amplo estudo da atividade solar nos quase 400 anos em que ela tem sido registrada. Além de confirmar a ideia de que essa atividade continua aumentando, Peacock procurou descobrir a correlação entre fenômenos solares, geomagnéticos e sísmicos. Ele concluiu que, em junho e julho de 2011, quatro fatores poderão coincidir para gerar um evento cataclísmico. São os seguintes:

- O solstício de verão em 21 de junho de 2011 significa que o polo norte ficará, nesse dia, mais perto do Sol.
- Três eclipses (dois solares e um lunar) ocorrerão entre 2 de junho e 1º de julho de 2011, provocando efeitos geomagnéticos.
- Um clarão solar fará com que os polos magnéticos do Sol se invertam.
- Um ciclo mais longo de atividade solar – que vem aumentando há anos – atingirá seu ponto alto mais ou menos por essa época.

Peacock acha que semelhante conjunção de eventos não ocorre há 65 milhões de anos; mas provocará o colapso e a inversão do campo magnético terrestre, em meio a "terremotos e erupções vulcânicas que extinguirão nossa civilização no final de 2012".

O Sol, adorado pelos maias e tantas outras culturas como fonte de vida, talvez se torne nossa deusa da vingança.

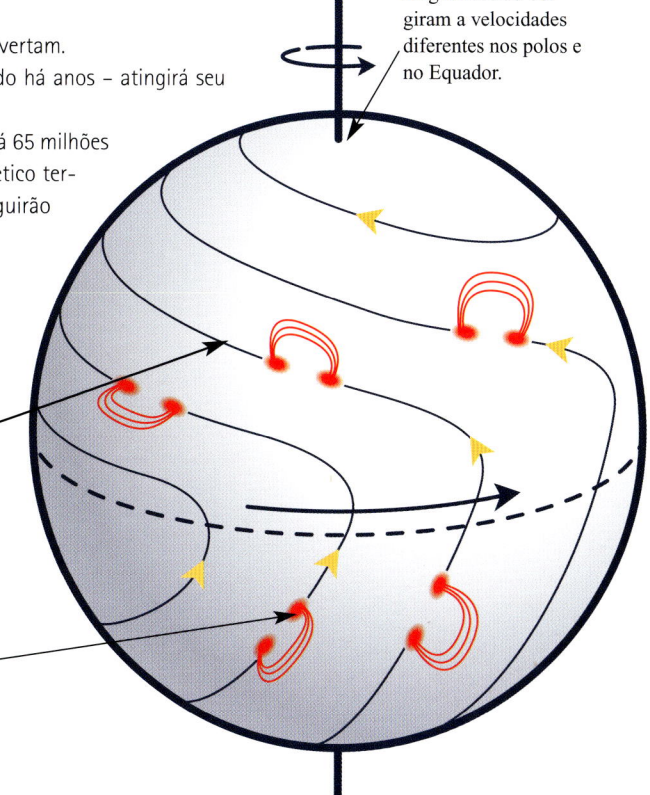

Os campos magnéticos do Sol giram a velocidades diferentes nos polos e no Equador.

Linhas de força magnéticas se "arqueiam" em consequência da diferença de rotação do Sol.

### Formação das manchas solares

As manchas solares são manifestações da atividade magnética gerada por diferentes tipos de rotação do Sol. Surgem aos pares, com polaridade magnética oposta: material coronal ejetado por uma mancha é "apreendido" pela outra.

Pares de manchas solares se formam quando linhas de forças magnéticas "arqueadas" irrompem pela superfície do Sol.

# Apocalipse ambiental

*Nos últimos 30 anos, um acervo cada vez mais volumoso de dados científicos confirmou: a espécie humana vem causando mudanças no mecanismo autorregulador da Terra que podem trazer danos ambientais irreversíveis. A cada mês divulgam-se prognósticos ainda mais inquietantes a respeito da crescente deterioração do planeta.*

Grupos como o IPCC (Intergovernmental Panel on Climate Change), reunido em 1988, se empenham a fundo para chamar a atenção para o acúmulo de $CO_2$ na atmosfera, que ameaça abalar a estabilidade autorregulada do nosso clima. O filme do ex-vice-presidente americano Al Gore, *Uma Verdade Inconveniente* (2006), causou tremendo impacto em muitas pessoas que antes não consideravam a mudança climática um problema de sua responsabilidade. Em 2007, Ban Ki-moon, secretário-geral das Nações Unidas, falando a respeito dos problemas da Terra, declarou: "Estamos todos juntos nisto – e juntos deveremos trabalhar." No entanto, com a demanda cada vez maior de energia no Ocidente e a rápida expansão da China, que depende de centenas de novas usinas acionadas a carvão, a esperança de reduzir as emissões que desestabilizam o planeta vai ficando cada vez mais remota.

### As primeiras advertências

Remontando aos tempos antigos, é fácil concluir que as condições climáticas extremas e inusitadas com as quais temos de nos haver agora não poderiam ser previstas por nossos antepassados. A revolução dos combustíveis fósseis começou de fato no século XIX, mas pouca gente, na época, tinha ideia de que semelhante atividade poderia prejudicar o ambiente de um modo grave e irreversível. Seguramente, o mundo era grande demais para se preocupar com o que fazíamos dele!

*Os níveis dos grandes rios da China (o Jialing, por exemplo) baixaram como nunca devido às temperaturas inusitadamente elevadas. Mais de cinco milhões de habitantes enfrentam racionamento de água potável.*

Mas, na verdade, sempre houve vozes advertindo-nos sobre os perigos inerentes à nossa tecnologia de combustíveis. Mesmo Nikola Tesla, o homem que deu ao mundo a CA ou "corrente alternada", além de impulsionar a maior linha de eletrificação da América do Norte quando usou as cataratas do Niágara para produzir eletricidade, chamava a atenção para os riscos. Falando em 1890, disse ao mundo: "Deveríamos gerar energia elétrica sem consumir combustíveis."

Sua voz foi uma das poucas que predisseram os perigos das tecnologias baseadas na combustão. Os últimos 100 anos escreveram uma história de crescimento desordenado, expansão desenfreada e poluição exponencial da atmosfera terrestre.

## A capacidade de prever e o exemplo dos maias

Mas então é possível que essas atividades autodestrutivas estejam, de algum modo, ligadas às predições dos maias? Afinal, eles devem ter enfrentado seus próprios problemas locais de mudança climática. Ou seria o caso de que o cataclismo ambiental provocado pela queima de combustíveis fósseis não passa de coincidência com acontecimentos catastróficos que fazem parte de outros ciclos? Parece uma sincronicidade improvável o fato de os maias predizerem o fim de uma era que a humanidade está agora apressando por suas próprias mãos, graças ao emprego de tecnologias sequer imagináveis há cinco mil anos!

Muitas pessoas consideram nossa indiferença pelo meio ambiente e nossa suposta incapacidade de economizar energia o motor do pesadelo global. No entanto, segundo outras teorias, existe um processo psicológico diferente em ação. Como dispomos de toda a informação necessária sobre os resultados do nosso comportamento leviano, essa corrida cega para o desastre não será uma profecia autocumprida, fruto da crença arraigada e subconsciente no "fim dos tempos" e da convicção íntima de sua inevitabilidade? Ou se dará o caso de que estejamos tão cegos pela necessidade de crescimento econômico, lucros cada vez maiores e exploração incessante dos recursos naturais que deter semelhante processo traria um desastre humano ainda pior, suscitado pela implosão econômica?

Coisa interessante, muitos estudiosos acham que os maias talvez tenham também lições valiosas a nos ensinar sobre o progresso da civilização. O rápido colapso desse povo parece haver sido causado, ao menos em parte, pelo descaso com o meio ambiente. O estudo dos maias pode nos ajudar a evitar um destino semelhante.

## A chance de nos redimirmos

É irônico pensar que justamente o progresso em que acreditamos e a evolução que nos causa orgulho podem ser a causa da nossa ruína. Ruína que, para muita gente, está próxima. Temos assim, como espécie, uma escolha: abrir os olhos para as consequências dos nossos atos e a necessidade de mudar a nossa vida, a fim de nos salvarmos de nós mesmos. A alternativa é simplesmente ignorar o que ocorre à nossa volta. Só com muita força de vontade, em bases coletivas, lograremos reverter os danos provocados. As futuras gerações nos agradecerão.

*O nível dos mares passará por mudanças drásticas nos próximos séculos, reduzindo as áreas de atividade humana e expulsando um número incalculável de pessoas de seus lares.*

# A profecia maia: calamidade ou despertar?

*Para alguns especialistas, os maias teriam vivenciado uma versão em miniatura da crise ambiental que hoje assola o mundo. Eles enfrentaram a mesma calamidade e as mesmas escolhas. O desastre não acabou com o planeta, mas, segundo todas as evidências, destruiu sua civilização. Que podemos aprender deles – tanto de sua sabedoria quanto de sua ruína?*

*Mesmo nos sítios arqueológicos mais importantes dos maias, como Tikal, na Guatemala, templos e outros edifícios jazem sob densa vegetação – resultado de mil anos de abandono.*

Para os maias, a vida se desenrolava em ciclos sagrados de tempo. Eles acreditavam que seu povo sofrera quatro cataclismos anteriores, nos quais a maioria das pessoas sucumbira. Acreditavam também que os sobreviventes haviam sido poupados para dar sequência à sua cultura. Acreditavam firmemente que o quinto Grande Ciclo, iniciado no que para nós foi o ano 3114 a.C., terminará a 21 de dezembro de 2012 d.C., no dia assim inscrito em seu calendário de Longa Duração: 12.19.19.17.19. Os maias clássicos, que viveram entre 250 e 900 d.C., aparentemente jamais contaram com uma realidade material futura para além dessa data definitiva.

## Os benefícios da percepção posterior

A cultura maia praticamente desapareceu no espaço de uns poucos séculos, entre 700 e 1000 d.C. Quais maus clarividentes, não conseguiram perceber a aproximação do próprio fim. Se pudéssemos conversar com eles, que nos diriam? Que subestimaram a necessidade de dominar firmemente os inimigos? Que não entenderam as pressões impostas ao meio ambiente pelo progresso de sua civilização? Que em suas regras ignoraram as necessidades do povo comum? Ou houve outros motivos, mais misteriosos, para seu colapso? Quaisquer que fossem as respostas, elas soariam terrivelmente familiares ao mundo contemporâneo.

Então o que faremos de suas predições segundo as quais esta era se aproxima do fim? Acreditaremos nas evidências de que os ciclos celestes modificarão o campo magnético da Terra a ponto de provocar desastres aos quais sucumbirá a maior parte da humanidade? Seremos a geração destinada a enfrentar a terrível catástrofe global que anulará os avanços tecnológicos dos últimos 200 anos e nos deixará indefesos diante da fúria incontrolável das forças naturais?

Os eventos de 2012 serão uma espécie de "processo de seleção" cósmico, que elimina inteligentemente quem não respeitou o planeta e favorecerá uma minoria destinada a ir adiante, multiplicar-se, repovoar e aos poucos recuperar o mundo com uma cadeia de DNA mais perfeita? Ou a tragédia golpeará ao acaso – de maneira cruel e irracional, como a muitos parece que a mão do destino age?

Para algumas pessoas, o problema maior não é saber se viveremos ou morreremos – mas se, como indivíduos e grupo, podemos responder aos desafios espirituais que semelhantes desastres colocam e aprimorar nossas almas em harmonia com a Força Inteligente por trás da Criação.

---

### O que nos dizem as profecias maias

Este livro discute cada aspecto das profecias maias e suas implicações para nós. O Capítulo 2 contextualiza os maias, explorando suas origens, sociedade e declínio. O Capítulo 3 procura captar sua visão de mundo, em termos de espiritualidade e mitologia, mostrando até que ponto as profecias maias se encaixavam no modo como concebiam o universo.

A extraordinária realização que é o calendário maia será analisada em minúcia no Capítulo 4, no qual se verá que esse povo media o tempo com a maior precisão e encarava o registro cronológico como um processo sagrado. O Capítulo 5 revela quão sofisticadas e exatas eram as observações maias, mostrando as implicações disso para a acuidade de suas profecias.

O significado e as mensagens do calendário, bem como as ideias de outros líderes espirituais, constituem o tema do Capítulo 6. Finalmente, o Capítulo 7 procura visualizar o futuro – o que podemos concluir com base nas evidências sugeridas pela profecia maia.

**Capítulo 2**

# OS MAIAS: ORIGENS EXTRAORDINÁRIAS, FIM TRÁGICO

Há duas histórias sobre os maias que merecem destaque: a deles própria, sobre a formação de sua notável cultura, e a moderna, a respeito de como cientistas, estudiosos e especialistas em diferentes campos fizeram uma série aparentemente infinita de espantosas descobertas, que aos poucos foram revelando um pouco mais da verdadeira natureza desse povo e seu acervo único de conhecimentos.

No começo, os europeus sabiam que os maias tinham algum parentesco com os astecas, seus "primos" da Mesoamérica, mas ignoravam tudo sobre a relação entre as diferentes linhas do desenvolvimento ocorrido ao longo de milhares de anos. Pela maior parte, os conquistadores católicos queriam suprimir a mínima resistência a seu domínio total de tudo quanto encontravam pela frente. Os "índios selvagens" tinham que ser salvos de si mesmos para glória do Deus do cristianismo – quer Ele o desejasse ou não. Mas, aos poucos, foram sendo descobertas as raízes da cultura maia, contando uma história fascinante e surpreendente que ainda hoje nos apresenta fatos novos e extraordinários. São esses fatos que nos ajudam a apreciar as realizações dos maias e a entender como puderam visualizar o mundo de um modo com o qual nós só podemos sonhar.

# A sociedade e a cultura maia

*A cultura maia, tal qual se manifestou no período clássico entre 250 e 900 d.C., foi uma das mais sofisticadas que já enriqueceram nosso planeta. Não só os maias eram muito avançados para a época, como havia aspectos de sua matemática, arquitetura, astronomia, arte, língua e escrita ainda não superados pela moderna sociedade global com toda a sua tecnologia de ponta.*

Como isso foi possível? Como pôde uma cultura evoluir tão espetacularmente e produzir tantas ideias novas, realizações nunca vistas e conceitos originais? Isso se deu pelo trabalho de alguns gênios raros – os Leonardos, os Brunelleschis e os Einsteins de sua época, capazes de fazer descobertas revolucionárias? Ou o que houve foi um trabalho conjunto, envolvendo todos os níveis da sociedade? E como seu conhecimento espiritual incentivou ou prejudicou suas realizações?

## A decodificação dos mistérios maias

Uma vez que a língua dos maias se apresenta intricadamente codificada em hieróglifos – hieróglifos que captavam tanto palavras quanto ideias sobre o tempo e os ciclos –, somente hoje estamos descobrindo alguns de seus maiores mistérios. Ainda assim, trabalhos de peso foram feitos para desvendar figuras-chave da história maia, esclarecer aspectos sociais da existência desse povo ao longo dos séculos e atinar com as fontes filosóficas e intelectuais que moldaram seu estilo de vida.

Bastante notável é o modo como, entre os maias, diversas facetas do cotidiano se entrelaçavam. Parece difícil, para a mente moderna, avaliar devidamente a que ponto um senso de ordem intelectual e espiritual permeava todo o seu mundo. Os fios da espiritualidade, matemática, percepção do tempo – expressos nos calendários – e cosmologia se enredavam num tecido rico e harmonioso, onde se codificavam suas crenças profundas acerca do próprio destino.

## A sociedade maia

No entanto, coesão social e certeza de um destino maior repousavam numa estrutura social rigidamente hierárquica e muitas vezes violenta. A classe governante de cada uma das muitas cidades-Estado espalhadas pelo mundo maia era amparada por uma vasta população de agricultores, que também forneciam alimento a um número crescente de plebeus. Discute-se ainda como conseguiam obter tamanha produtividade, mas o certo é que empregavam métodos sofisticados de irrigação e sabiam construir terraços, canais e reservatórios, tanto quanto drenar e cultivar campos.

Os maias, aparentemente, praticavam a agricultura rotativa, que lhes permitia explorar a terra o ano inteiro, em vez de recorrer às técnicas mais simples do corte-e-queima, típicas da monocultura, que produz colheitas cada vez mais magras. Além do milho, sua cultura principal, os maias plantavam algumas variedades de frutas e abóboras, e dois tipos de feijão: um vermelho e outro preto. Plantavam também pimentas, tempero importante em sua cozinha.

Ao que parece, empregavam ainda métodos de "jardins florestais", dando aos campos um uso "tridimensional" para obter árvores e plantas maiores. Elas fixavam o nitrogênio no solo e forneciam sombra a plantas menores, ricas em energia, como o cacau – que lhes facultava o luxo do chocolate. Esse modo de praticar a agricultura era produtivo de muitas maneiras: das árvores protetoras do cacau obtinham-se material de construção e cobertura, forragem para os animais, remédios, madeira e frutas. Era um ecossistema cuidadosamente preservado que maximizava a produção do cacau.

## Racionamentos de água

Segundo parece, em quase tudo os maias eram mais sofisticados do que num primeiro momento possamos imaginar. Isso, porém, não tornava sua civilização invulnerável. O fato de os lençóis freáticos estarem em geral a uns espantosos 150 m abaixo da superfície da terra significava que o racionamento era absolutamente necessário. Talvez, em última análise, a inacessibilidade dessa fonte de vida é que haja provocado o colapso da civilização maia.

A ascensão desse povo foi, no mínimo, tão espetacular quanto a sua queda. E se é fácil, considerando sua ruína, concluir – com sábia percepção posterior – que os maias poderiam tê-la evitado, melhor seria se examinássemos nossa própria conjuntura e buscássemos paralelos. Muitas pessoas se perguntam hoje como os maias, incapazes de prever sua própria queda no primeiro milênio, poderiam ter previsto com mais exatidão a nossa.

*Abaixo: Este painel, conhecido como Lápida DuPaix, foi descoberto no século XIX e comemora um acontecimento na vida de K'inich Janaab' Pakal, rei de Palenque, ocorrido na data de 9.11.1.0.0, segundo o calendário de Longa Duração.*

*Página oposta: Representado ao mesmo tempo como macho e fêmea, o deus maia do milho era considerado pai dos Heróis Gêmeos no Popol Vuh, o mais importante mito de criação dos maias.*

# Quem eram os maias?

*É estranho pensar que a cidade de Palenque, talvez a maior realização arquitetônica e cultural do povo maia, só aparecesse aos olhos dos exploradores europeus em 1773. Suas pirâmides de degraus, templos e palácios – indícios de uma sociedade altamente desenvolvida – ficaram encobertos pela floresta densa durante séculos após o colapso dessa sociedade, por volta do ano 1000.*

Talvez ainda mais impressionante seja o fato de apenas agora, no século XXI, a história da ascensão e queda do povo maia começar a ser decifrada e compreendida por um pequeno grupo de maianistas e estudiosos, que dedicam a vida a indagar qual teria sido o conhecimento acumulado por essa civilização notável. Antes, porém, de podermos entender e apreciar devidamente os maias, é necessária uma visão mais ampla dos diferentes povos que habitaram a Mesoamérica pré-hispânica – a área hoje ocupada pelo México, Guatemala, Belize, El Salvador e partes do oeste e sul de Honduras.

*As enormes cabeças esculpidas são anteriores à cultura maia e levaram os pesquisadores a indagar sobre as origens raciais dos antigos povos americanos. Para alguns autores, eles talvez fossem egípcios ou africanos.*

## O povo olmeca

É amplamente aceito que a cultura mais antiga e influente na Mesoamérica foram os olmecas. Devem ter ocupado as terras baixas tropicais ao sul de Veracruz, perto de Tabasco, já no ano 3000 a.C. Em vales e depressões costeiras, começaram a plantar milho, seu alimento principal, bem como leguminosas e frutas. Cerca de 2500 a.C., surgem os primeiros exemplares de cerâmica; e, em 1500 a.C., os olmecas já vivem em cidades. Por volta de 1200 a.C., estavam construindo pirâmides ornamentadas com tijolos de barro, poucas das quais escaparam às devastações do tempo. Mas, paralelamente, esculpiam em basalto cabeças e corpos gigantescos, alguns de 3 metros de altura, representando seus deuses e governantes. Inventaram também o famoso jogo de bola mesoamericano, disputado de diversas formas e com muitas regras brutais (para uma descrição detalhada, ver p. 61).

Não bastasse isso, pensa-se que os olmecas forneceram os elementos básicos do calendário sagrado dos maias. Até há pouco, os mais antigos exemplares de estelas de pedra (monólitos), datadas ao estilo do calendário de Longa Duração, provinham da aldeia olmeca que hoje se chama Tres Zapotes. A estela C traz a data de 7.16.3.2.13 ou 36 a.C. Depois dessa descoberta, outra estela quatro anos mais antiga foi escavada em Chiapa de Corzo, na região mexicana de Chiapas.

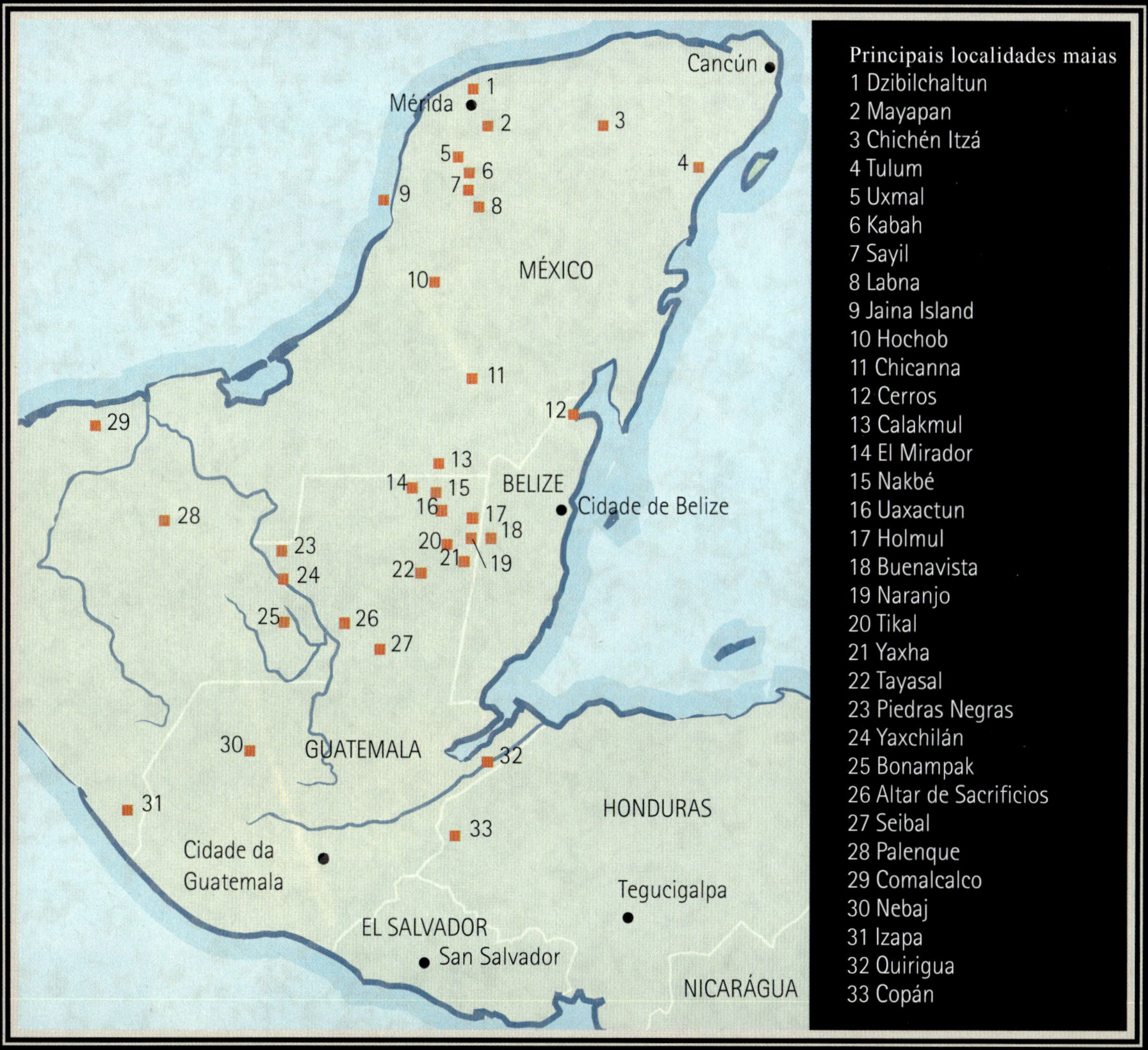

QUEM ERAM OS MAIAS? 29

Principais localidades maias
1 Dzibilchaltun
2 Mayapan
3 Chichén Itzá
4 Tulum
5 Uxmal
6 Kabah
7 Sayil
8 Labna
9 Jaina Island
10 Hochob
11 Chicanna
12 Cerros
13 Calakmul
14 El Mirador
15 Nakbé
16 Uaxactun
17 Holmul
18 Buenavista
19 Naranjo
20 Tikal
21 Yaxha
22 Tayasal
23 Piedras Negras
24 Yaxchilán
25 Bonampak
26 Altar de Sacrificios
27 Seibal
28 Palenque
29 Comalcalco
30 Nebaj
31 Izapa
32 Quirigua
33 Copán

## Construções zapotecas

Parece que os olmecas iniciaram uma série de migrações que resultaram por fim em vários ramos da cultura mesoamericana, inclusive os toltecas e os maias. Uma dessas migrações levou-os para oeste, para a área em torno de Oaxaca, onde ocuparam o que é hoje conhecido como planalto do Monte Albán. Entre 800 e 300 a.C., eles ergueram diversas estruturas importantes, inclusive pirâmides que ainda hoje podemos admirar. Entre 400-300 a.C., o povo zapoteca tomou o Monte Albán e passou a edificar sobre as estruturas olmecas. Foi então que apareceram os primeiros indícios de uma escrita. Novas pirâmides foram erguidas, quase sempre interligadas por passagens subterrâneas. Os zapotecas criaram também um sistema inovador de coleta de águas pluviais: suas praças centrais, equivalentes a dois campos de futebol, apresentavam uma ligeira inclinação, ou curva, para que toda a água da

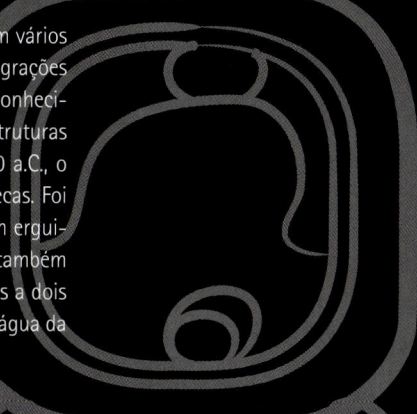

chuva ali caída pudesse ser coletada em tanques. O Monte Albán foi uma das primeiras cidades-Estado a surgir na Mesoamérica. O povo zapoteca conservou-a como sua capital por cerca de mil anos e é ainda um dos principais grupos nativos da região de Oaxaca.

No território maia, a leste, a indústria da cerâmica e a fundação de aldeias devem ter começado por volta de 1000 a.C., com edifícios maiores, mais "urbanos", aparecendo de 500 a.C. em diante. Aqui, a escrita surgiu em mais ou menos 400 a.C.

## A civilização asteca

No que hoje chamamos de período protoclássico, entre 100 d.C. e 250 d.C., registrou-se um grande progresso nas complexas civilizações urbanas de toda a Mesoamérica. Paralelamente ao desenvolvimento zapoteca na área de Oaxaca, mais a oeste ia adiantada a construção daquele que se tornaria o grande centro da cultura asteca: Teotihuacán. A enorme Pirâmide do Sol começou a ser erguida ali mais ou menos no início da era cristã. Esse grande centro de civilização cobria em seu auge, sob os astecas do segundo milênio, 20 km$^2$ onde viviam cerca de 200 mil pessoas.

## O florescimento da arte maia

Durante o período protoclássico surgiram, nas regiões orientais da Mesoamérica que hoje consideramos o mundo dos maias, cidades-Estado como Abaj Takalik, Izapa, El Mirador, Kaminal-juyu, Uaxactun e Tikal. Seus governantes e senhores determinaram a construção de edifícios segundo uma arte e uma arquitetura monumentais – alguns ilustrando claramente episódios de relatos mitológicos. Nas cerca de 15 mil inscrições maias até agora descobertas em monumentos e cerâmica, o conteúdo diz respeito unicamente a reis, chefes de Estado e suas vitórias militares: a gente comum não aparece nessa história escrita.

À medida que a economia agrícola se sofisticava, fornecendo recursos à população cada vez mais numerosa, cresciam as ambições dos governantes das cidades. Não se sabe bem como a arte, a arquitetura, a mitologia e a espiritualidade dos maias se desenvolveram paralelamente a esse surto econômico. Mas os indícios de um extraordinário florescimento durante o chamado Período Clássico Maia, de 250 a 900 d.C., continuam a aparecer.

A julgar pelos registros arqueológicos cada vez mais volumosos de casas, monumentos e outros edifícios, além das datas consignadas no calendário de Longa Duração que situam cronologicamente alguns acontecimentos, o auge incontestável da civilização maia ocorreu no século VIII. Nessa época, estima-se que houvesse uma população de milhões nas muitas cidades-Estado maias da região leste da Mesoamérica. Decorridos apenas 200 anos, porém, a última data do calendário de Longa Duração foi gravada em pedra na cidade de Toniná, perto de Palenque. Corresponde, para nós, a 18 de janeiro de 909. A sociedade mais evoluída de todo o continente americano implodira.

*O templo do deus Quetzalcoatl, em Teotihuacán, é vários séculos mais antigo que a civilização maia. Esse deus exerceu enorme influência sobre os povos da América Central durante milhares de anos.*

# A cidade-Estado maia

*Vale lembrar que a gigantesca realização arquitetônica dos maias prescindiu, ao que parece, da roda, dos animais de tração, das ferramentas de metal e da roldana. Os maias substituíam algumas dessas tecnologias por gente – muita gente – e seus governantes exploravam-lhe impiedosamente o trabalho a fim de criar lugares sagrados para a prática de rituais.*

*Página oposta: Com seu maciço templo do Jaguar dominando a praça central, Tikal resume o poder da cidade-Estado maia. A aglomeração, que cobre uma grande área e cujas ruínas datam de um longo período histórico, ainda não revelou todos os seus segredos.*

*Abaixo: Curiosos mosaicos geométricos de Mitla, na província de Oaxaca, foram feitos com encaixes de fragmentos pequenos de pedra calcária. Ao que se pensa, representam deuses e elementos naturais.*

*A América, dizem os historiadores, era povoada por selvagens. Mas selvagens não conseguem erguer semelhantes estruturas. Selvagens não sabem esculpir semelhantes pedras.*

John Stephens, Copán, 1839

## A arquitetura maia

Mesmo considerando-se o aumento de mão de obra facilitado pela explosão populacional, o progresso da arquitetura maia parece ter sido surpreendentemente rápido. Logo após as casas simples do período pré-clássico, o súbito aparecimento de construções monumentais surpreendeu muitos arqueólogos. Também de grande interesse para os cientistas é saber até que ponto as ideias maias eram originais. Poderiam eles, realmente, desenvolver um estilo próprio de expressão arquitetônica sem a influência de Teotihuacán e da cultura asteca ou sua evolução foi um aperfeiçoamento de fontes olmecas e zapotecas? Pesquisas recentes apontam para a chegada de poderosos senhores da guerra de Teotihuacán, no século IV, um dos quais, chamado Nascimento do Fogo, pode ter influído decisivamente para o progresso cultural, político e artístico dos maias. No entanto, há pirâmides monumentais em Tikal - talvez a maior cidade maia - datadas do século III, o que atesta o vigor arquitetônico desse povo antigo.

Muitas das grandes cidades maias seguiam os mesmos padrões de desenvolvimento, apresentando traços comuns, exclusivos de sua cultura, que lhes permitiam viver vidas particularmente ritualizadas. De todos os sítios arqueológicos da Mesoamérica, sem dúvida os mais importantes, famosos e reveladores são os de Tikal, Palenque, Chichén Itzá, Uxmal, Copán, Calakmul e Mayapán.

## Localização e fontes de água

Os sítios das grandes cidades maias diferem bastante entre si, conforme a topografia local. No norte do Yucatán, Chichén Itzá foi erguida sobre um leito plano de calcário, com muito espaço para a expansão e onde os habitantes, em grande número, pudessem

*Calakmul era o grande centro de poder do povo Ka'an, conhecido também como o Reino da Serpente. A pirâmide de 45m, classificada como Estrutura 2, vista aqui do topo, é o maior templo em plataforma da era clássica no mundo maia.*

estabelecer-se ao redor do centro. Nos planaltos cobertos de florestas, porém, como os que cercam Palenque, a paisagem montanhosa exigia um tratamento diferente, que aproveitasse as plataformas naturais como base para os templos e palácios mais importantes, possibilitando ainda erguer torres que se tornavam marcos visíveis a quilômetros de distância. Às vezes, a cobertura que encimava os templos trazia imagens dos governantes.

Antes de começar a construir suas aglomerações urbanas, os maias geralmente procuravam poços de água potável chamados *cenotes*, para satisfazer a maior parte de suas necessidades. Esses poços naturais constituem ainda um local de destaque na paisagem maia.

### A construção das cidades

Boa parte da área da península do Yucatán é formada de pedra calcária, que a arquitetura maia na região utilizava como principal matéria-prima. Os maias inventaram um tipo de cimento feito com calcário triturado e queimado, que se usava também como estuque, pois podia ser modelado em alto-relevo e padrões decorativos, fornecendo uma superfície lisa e uniforme.

Os primeiros prédios no centro das cidades eram orientados pelos quatro pontos cardeais, princípio-chave da cultura e espiritualidade maias. Quase todas as aglomerações possuíam uma grande praça em torno da qual se erguiam os portentosos edifícios cerimoniais e administrativos, dominados muitas vezes por pirâmides de degraus, cada qual encimada por um templo. Ali se realizavam cerimônias em dias predeterminados – não raro com sacrifícios. Algumas cidades, como Tikal, também ostentavam uma acrópole e/ou palácios reais, com quadras de jogos rituais se destacando na praça central.

## Alinhamentos lunares e solares

A tendência das cidades maias era crescer organicamente. Ao contrário das grandes cidades astecas, construídas segundo o padrão grelha num local rigidamente determinado, as dos maias, que se espalhavam e eram remodeladas ou reconstruídas com o passar do tempo, seguiam uma planta mais aleatória. Existem, porém, inúmeros exemplos de conjuntos de edifícios erigidos para facilitar as observações do Sol, da Lua e de fenômenos celestes. Alguns recebem o nome de Grupos E, como o exemplo arquetípico de Uaxactun, classificado como Estrutura E-VII-sub. São constituídos, geralmente, por um templo em forma de pirâmide no lado oeste da praça, juntamente com templos menores mais distantes nos quadrantes norte e sul, diante do templo principal. Muitas vezes, essa estrutura possui diversos níveis e apenas uma escadaria a leste, que permite o acesso a partir da praça central. Traço típico das escadarias são as sólidas balaustradas que se projetam da pirâmide, ostentando máscaras de estuque e altos-relevos. Essa planta permitia aos sacerdotes realizar observações dos equinócios e solstícios solares; eles se valiam dos edifícios menores como "referências" para estudar os fenômenos do Sol e da Lua.

Em Copán, os 72 degraus da Escadaria Hieroglífica exibem mais de 1.250 hieróglifos esculpidos que contam a história de 15 governantes da cidade até o ano 755 d.C. Por ocasião da descoberta, os blocos de pedra da escadaria estavam espalhados pelo chão, mas os arqueólogos conseguiram reconstruí-la corretamente e ler a história da realeza desse importante sítio.

## A descoberta de Calakmul

Calakmul é outra grande cidade-Estado sepultada nas florestas do vale de Petén, na Guatemala. Como ocorreu com a maioria dos sítios maias, sua descoberta é relativamente recente. O biólogo Cyrus L. Lundell, da Mexican Exploitation Chicle Company, colheu evidências do sítio ao sobrevoar a área em 29 de dezembro de 1931. Calakmul, que significa Cidade das Duas Pirâmides Adjacentes, foi o nome que o próprio Lundell lhe deu. Depois de uma primeira exploração por Sylvanus Mortley em 1932, o sítio ficou esquecido até 1984, quando teve início um detalhado estudo de 10 anos.

Mais de 6.250 estruturas são hoje conhecidas numa área de cerca de 70 km², cujo centro, mais populoso, chegava a 22 km². Aqui, os cientistas revelaram o maior reservatório que já se descobriu no mundo maia. Calcula-se que, em seu apogeu, a cidade podia abrigar uma população de 50 mil pessoas. Calakmul era a capital de Kaan, ou Reino da Serpente, e seu povo tinha por aliada Caracol, rival da cidade de Tikal. Arquitetonicamente, Calakmul chama a atenção por sua pirâmide de 45m, classificada como Estrutura 2, o único grande templo em plataforma de todo o mundo maia da era clássica.

*Poços sagrados ou cenotes eram fonte importante de água para as cidades-Estado. Descobertas recentes de crânios e ossos humanos revelaram que ali se realizavam igualmente sacrifícios.*

# Anatomia de uma cidade: Copán

*Esta reconstituição de Copán procura mostrar como um típico centro cerimonial do período clássico devia ser, com suas plataformas em degraus encimadas por altas pirâmides-templos e suas largas praças. As fachadas externas dessas estruturas eram sem dúvida ornamentadas com altos-relevos de estuque colorido.*

Os edifícios ao redor das praças, frequentemente chamados de palácios, eram na verdade centros administrativos. Sentado num trono coberto de peles de jaguar, o governante da cidade recebia os tributos, proferia sentenças judiciais e acolhia os visitantes. Nos pátios realizavam-se atividades de caráter mais propriamente público, como danças sagradas, execuções e sacrifícios de prisioneiros. No auge do esplendor da cidade, por volta de 800 d.C., cerca de 20 mil pessoas viviam em Copán e vizinhanças. O alimento vinha das propriedades rurais situadas no vale do rio Copán.

## 1 Acrópole
O principal conjunto arquitetônico da cidade é a Acrópole, com vista para o rio Copán. Com o tempo, foi sendo remodelada, acrescentando-se também outros edifícios sobre os antigos.

## 2 Escadaria Hieroglífica
A grande escadaria que leva ao alto da Acrópole, partindo do lado oeste, foi construída em sua forma atual pelo décimo terceiro governante de Copán, Uaxaclajuun Ub'aah K'awiil (Dezoito Coelho), no início do século VIII. Suas inscrições registram o nascimento, parentesco, acessão ao poder, feitos gloriosos e morte do mais importante líder local.

## 3 Popul Nah
A Popul Nah, ou Casa do Conselho, recebe às vezes o nome de Grande Casa do Mosaico porque mosaicos enormes de pedra decoravam o edifício. Na parede superior veem-se retratos de nobres maias sentados em glifos que podem representar a localidade que governavam. As reuniões aconteciam, à luz do Sol ou das estrelas, sob o amplo pórtico em frente da estrutura e não no interior.

## 4 Altar Q
Ao pé da escadaria, no Pátio Oriental da Acrópole, ergue-se um monumento quadrado de enorme importância arqueológica. Ao redor das quatro faces dessa pedra em forma de caixa, vemos retratos entalhados dos 16 governantes de Copán. Cada qual aparece sentado num glifo de seu nome, que lhe serve de trono. O monumento foi construído pelo último líder da cidade, Yax Pasaj Chan Yopaat ("Primeiro Deus da Aurora do Céu Luminoso", 763-c. 810).

## 5 Quadra de jogos

A quadra de jogos de Copán é o sítio mais perfeito entre todos os do período maia clássico. Cabeças de araras esculpidas serviam de marcos; os umbrais, batentes e fachadas dos templos em derredor ostentavam figuras em baixo-relevo do deus da chuva, Chac, e outras divindades. Na extremidade norte, havia pelo menos 63 estelas entalhadas e 14 altares. Os espectadores ficavam de pé em plataformas para assistir aos jogos de bola.

## 6 Grande Praça

Construída por Dezoito Coelho, a Grande Praça está repleta de monumentos em sua honra. Estelas mostram-no sob o aspecto de várias divindades, vestindo, por exemplo, a roupa decorada de jade do deus do milho. Outros monumentos o associam ao mito maia da criação. Sua disposição na praça talvez lembre fenômenos cósmicos como os movimentos de Vênus e das constelações.

# A glória de Palenque

*A vasta Palenque, mergulhada nas selvas dos planaltos próximos ao rio Usumacinta, é sem dúvida a mais conhecida e a mais arquetípica das cidades maias. Isso se deve, em não pequena medida, às descobertas feitas por Alberto Ruz Lhuillier em 1952 (ver p. 126), quando se concluiu que o Templo das Inscrições de Palenque foi a última morada do rei maia Pacal, o Grande, que governou de 615 a 683 d.C.*

*Página oposta: O Templo das Inscrições é tido como o ícone arquitetônico das realizações culturais maias – um tributo duradouro à obra visionária de Pacal, o Grande.*

O fato de sua tumba ter sido coberta por uma misteriosa tampa cinzelada e sua face por uma máscara de jade cuidadosa e magnificamente esculpida tornou a descoberta fascinante e intrigante. Pacal se apresentou, de súbito, como o Tutancâmon do mundo maia – em sua Grande Pirâmide que é o Templo das Inscrições. Considerando-se a riqueza dos artefatos de jade e os ornamentos em relevo da câmara mortuária, a descoberta pode ser considerada a mais grandiosa já feita no continente americano.

### O Templo das Inscrições

Foi Pacal, o Grande – ou K'inich Janaab' Pakal, como o conheciam os maias – o responsável pelas maiores realizações arquitetônicas que ainda podem ser vistas em Palenque. Ele iniciou o Templo das Inscrições como seu monumento funerário, cabendo mais tarde a seu filho K'inich Kan B'ahlam (e talvez seu neto K'inich Akal Mo'Naab') completar as obras depois da morte do grande rei, em 683. Essa pirâmide escalonada resume o ideal da arquitetura clássica. No alto da plataforma em degraus, de nove andares, ergue-se o templo que ostenta seu nome. Por muitos anos, o que mais chamava a atenção nesse edifício era o enorme painel coberto de hieróglifos que lhe deu sua designação moderna. É a segunda maior coleção de textos glíficos do mundo e registra cerca de 180 anos da história de Palenque. Com efeito, um dos traços mais destacados de Palenque é ter sido a primeira cidade maia a elaborar uma lista de regras dinásticas.

*Abaixo: Glifos do Templo da Cruz em Palenque contam a história dos governantes ancestrais da cidade, alguns anteriores à era maia.*

### Outras estruturas

Mas o Templo das Inscrições não é o único edifício importante de Palenque. Estruturas que ostentam nomes como Templo da Cruz, Templo da Cruz Folhada, Templo do Sol, Templo do Vento e Palácio também revelaram muito da história da cidade e de suas práticas rituais. Contudo, a despeito do interesse que suscita e de sua importância para o estudo da visão de mundo dos maias, estima-se que apenas 5% da cidade foram até agora resgatados do seu esconderijo na floresta.

Conforme veremos mais adiante, é pela compreensão da figura de Pacal, o Grande, e seu papel no mundo maia que as predições relativas a 2012 podem revelar um significado inteiramente novo.

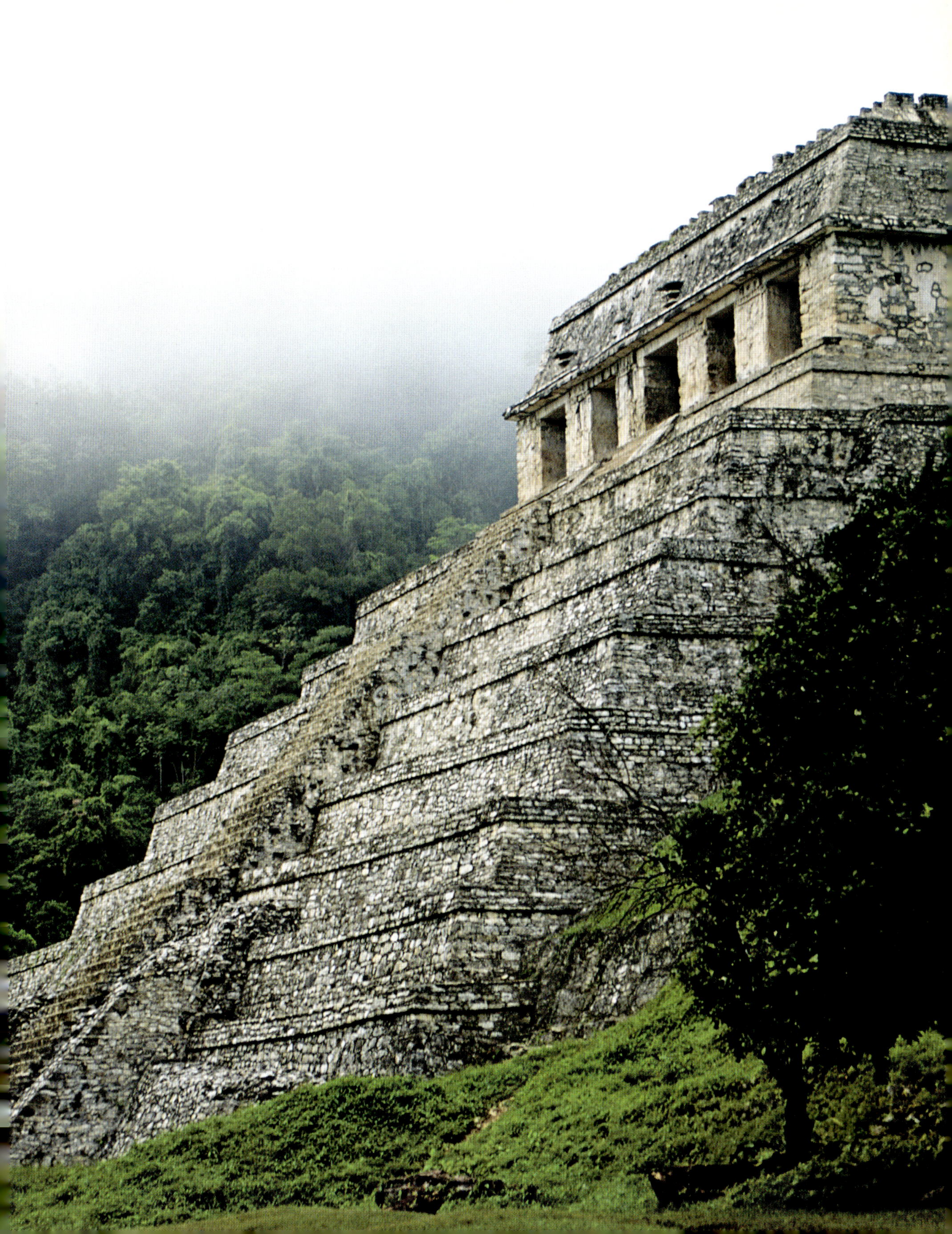

# A redescoberta dos maias

*A redescoberta de Palenque contém diversos elementos típicos do grande encontro do Ocidente com os antigos maias. Quando a cidade foi vista pela primeira vez, em 1773, por um europeu, Frei Ordoñez – sacerdote da localidade vizinha de Ciudad Real –, os edifícios estavam completamente sepultados na mata. Os povos nativos locais sabiam da existência do lugar há séculos, desde sua ruína final, mas ninguém se dispusera a arrancá-lo das garras da floresta. Quando Frei Ordoñez completou sua exploração da cidade, sua resposta foi ao mesmo tempo acadêmica e especulativa.*

### A história de Ordoñez

Ordoñez escreveu uma monografia sobre o sítio intitulada *Uma História da Criação do Céu e da Terra*. No livro, chamou Palenque de "A Cidade das Serpentes" e tentou explicar sua posição com respeito aos mitos locais. A história de Ordoñez sugeria que Palenque fora construída por um grupo de pessoas vindas do Atlântico, lideradas por um tal Votan. O frei achara esse relato nos escritos de outro religioso (ex-bispo de Chiapas chamado Nuñes de la Vega), que copiara parte de um manuscrito maia quiché antes de queimá-lo em 1691, juntamente com vários outros textos desse povo.

Depois da grande descoberta de Frei Ordoñez, Palenque foi parcialmente resgatada da floresta por um capitão de artilharia, Dom Antônio del Rio, que chegou a uma espantosa conclusão: aqueles edifícios ornamentados eram obra dos romanos ou, talvez, de outras civilizações que partiram do Velho Mundo para colonizar a América. Só em 1839 um rico advogado americano, John Stephens, acompanhado do pintor e desenhista Frederick Catherwood, empreendeu uma exploração em grande escala de 44 sítios maias.

### As descobertas de Stephens

As impressões de Stephens sobre suas notáveis descobertas falam muito da surpresa e humildade que o dominaram ao ver-se diante dos remanescentes de uma civilização adiantada, perdida em plena mata. Quando descobriu Copán, ele escreveu:

*Muitas pessoas tomaram conhecimento das realizações culturais maias por meio dos desenhos e estampas de Frederick Catherwood.*

*Arquitetura, escultura e pintura, todas as artes que embelezam a vida, floresceram nesta mata cerrada; oradores, guerreiros e estadistas, beleza, ambição e glória prosperaram e feneceram; ninguém sabia que tais coisas existiram, ninguém pôde discorrer sobre sua existência passada. Os livros, repositório do conhecimento, calam a respeito desse tema. A cidade está desolada. Nenhum remanescente da antiga raça ronda as ruínas, passando as tradições de pai para filho e de geração em geração. Ela surge aos nossos olhos como um barco perdido em pleno mar, sem mastro, sem nome legível no costado, com a tripulação naufragada e ninguém para dizer de onde veio, a quem pertencia, por quanto tempo vagou e o que lhe causou a destruição ...*

Em seu livro *Incidents of Travel in Central America, Chiapas and Yucatán*, Stephens descreve a primeira impressão que teve ao contemplar as realizações da cultura maia:

*Lá estavam os destroços de um povo culto, educado e singular, que atravessara todas as etapas características da ascensão e queda das nações; alcançou a idade do ouro e sucumbiu [...]. Percorremos seus templos desolados e seus altares caídos; e por onde íamos, deparávamos com provas do seu gosto, da sua habilidade nas artes [...]. Trouxemos de volta à vida o estranho povo que nos olhava melancolicamente das paredes; pintamo-lo em seus trajes extravagantes, adornados com plumas, de pé no alto dos terraços do palácio e galgando os degraus que levam aos templos [...]. No romance da história do mundo, nada me havia impressionado tanto quanto o espetáculo dessa cidade outrora grande e fascinante, agora em ruínas, desolada e perdida [...], sepultada pelas árvores que a tomam de todos os lados e sem sequer um nome para identificá-la.*

> ### A decodificação dos hieróglifos
> O que desde logo ficava claro a partir da observação dos monumentos, e de alguns manuscritos que sobreviveram à censura inicial dos espanhóis, era que os maias possuíam uma língua complexa. Os pesquisadores haviam acompanhado o trabalho de Jean-François Champollion na decifração de partes dos hieróglifos da Pedra de Rosetta, em 1822, e parecia razoável que, se a língua egípcia cedera ante o escrutínio dos acadêmicos, então logo ocorreria o mesmo com a escrita maia. Isso dava a esperança de que talvez os mistérios – não apenas da natureza da grande civilização maia, mas também do seu repentino e curioso desaparecimento – fossem um dia solucionados. Mas a Pedra de Rosetta continha três escritas que veiculavam o mesmo conteúdo, tornando bem mais fácil a tarefa do decifrador, enquanto os textos maias não forneciam essas fontes de comparação. A decodificação dos hieróglifos maias seria consideravelmente mais difícil.

Os desenhos e gravuras de Catherwood complementaram à perfeição os escritos de Stephens. O primeiro livro da dupla (1841) e o segundo (1843), *Incidents of Travel in Yucatán*, foram os primeiros a oferecer aos pesquisadores europeus um quadro completo do esplendor e solenidade das realizações maias.

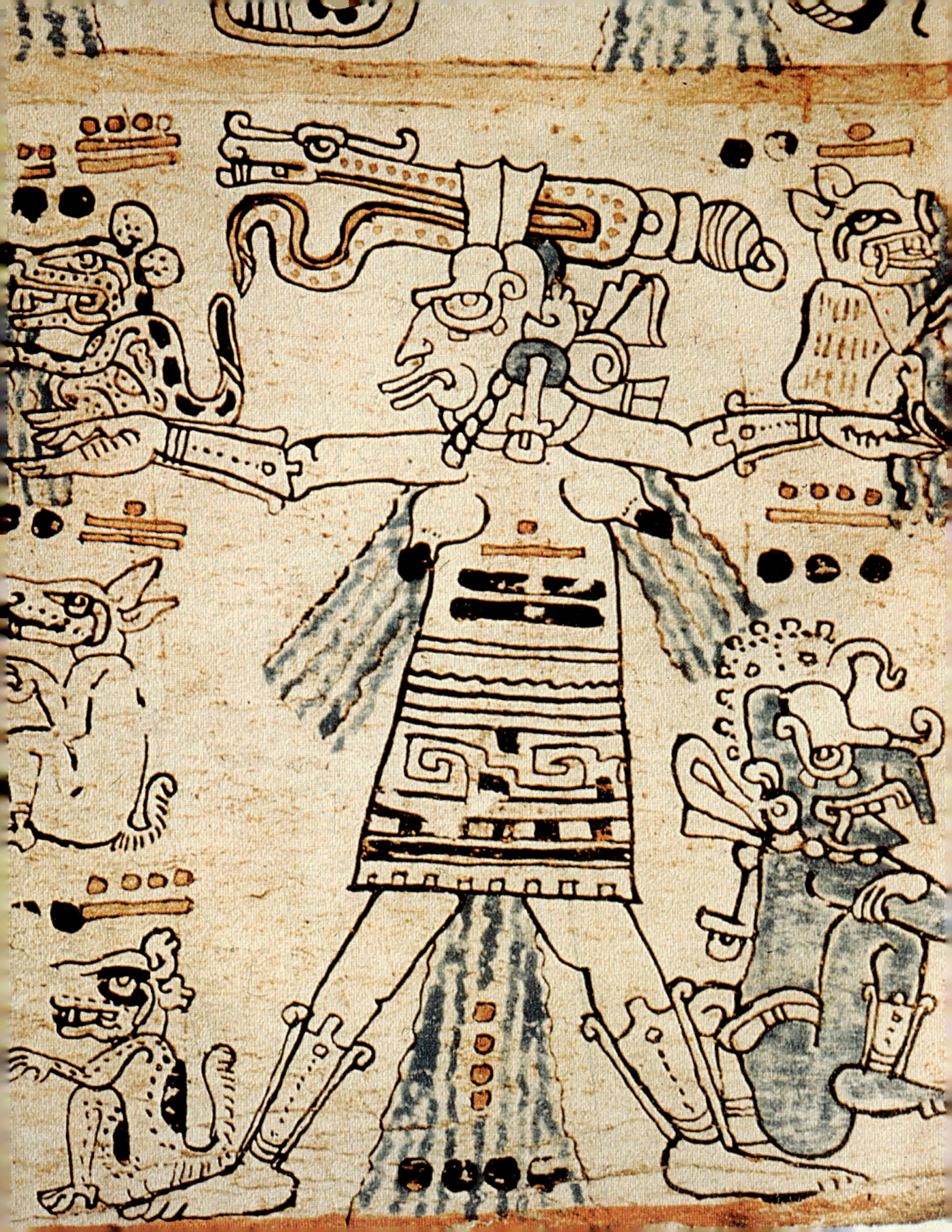

## De Bourbourg descobre manuscritos

No final dos anos 1840, um francês chamado Charles-Étienne Brasseur de Bourbourg desembarcou no México com o projeto de elucidar a cultura mesoamericana. Apoiado por amigos influentes, teve acesso à história dos astecas escrita pelo historiador mexicano Fernando de Alva Cortés Ixtlilxóchitl. Conheceu o descendente de um dos irmãos de Montezuma, que o instruiu na língua nativa dos nahuatl, e, viajando por toda a região, encontrou inúmeros manuscritos que jaziam ignorados e cobertos de poeira em bibliotecas católicas espanholas. Talvez o mais importante deles fosse um texto maia intitulado Popol Vuh. De Bourbourg, que aprendera quiché e cakchiquel, os dois dialetos maias mais importantes, conseguiu traduzir a obra, hoje considerada o maior mito da criação maia já descoberto.

## Os códices

Respeitado por seus achados, De Bourbourg teve acesso à *Relación de las Cosas de Yucatán* (século XVI), do bispo Diego de Landa, com seus desenhos dos hieróglifos maias. Estudando-os, logo começou a decifrar os símbolos. Um grande salto à frente foi dado quando encontrou o professor Jean de Tro y Orlano, descendente de Fernão Cortés, que lhe revelou estar sua família na posse de um códice maia. Esse impressionante documento, mais tarde conhecido como Códice Troano, tinha 70 páginas de imagens hieroglíficas traçadas com tinta à base de pigmentos coloridos em páginas sanfonadas de cascas de árvore revestidas de cal.

Em 1988, outro pesquisador francês, Léon de Rosny, encontrou 42 páginas de outro códice maia, o Cortesianus. Quando confrontado ao Troano, descobriu-se que ambos formavam um documento só. Recebeu o título de Códice Tro-Cortesianus ou Códice de Madrid. De Rosny identificou os glifos que indicavam os quatro pontos cardeais, norte, sul, leste e oeste. Em dois desses pontos via-se o símbolo para "sol", *kin*, que também significa "dia" no calendário maia. A decifração estava a caminho.

Descobriram-se (ou redescobriram-se) outros dois códices nos séculos XVIII e XIX. Talvez o mais importante, detalhado e bem-elaborado de todos seja o Códice de Dresden, adquirido pela biblioteca real da corte da Saxônia em Dresden no ano de 1739, mas só estudado seriamente a partir de 1867, quando Ernst Förstemann tirou facsímiles e iniciou o trabalho de decifração. Analisando os glifos, descobriu os símbolos para a lua e o mês maia de vinte dias chamado *uinal*. Decifrou os glifos para "começo" – a imagem de uma cabeça chamada *akbal* – e para "fim". *Akbal* significa também "noite" e o início do mês maia.

## O calendário de Vênus

Förstemann faria ainda algumas descobertas de caráter astronômico: a Tábua de Eclipses, que informava aos sacerdotes maias quando iriam ocorrer eclipses solares e lunares, e, talvez mais importante, o calendário de Vênus, um conjunto de tabelas extensas e detalhadas que ocupam cinco páginas do códice e avaliam a duração média do ciclo do planeta Vênus ao longo de muitos anos. Ele também identificava o que os maias chamavam de aniversário de Vênus, correspondente a 13 de agosto de 3114 a.C. no calendário gregoriano – o início da era atual que deverá terminar em 2012.

Essas conquistas permitiram a estudiosos posteriores fazer grandes progressos na decifração dos monumentos e códices que ainda existem – e ainda nos parecem esquivos e enigmáticos. Hoje, novos avanços em nossa compreensão dos maias continuam a reescrever sua história e a dar-nos um quadro mais real de seu mundo e sua visão do universo.

*O Códice de Madrid, com suas imagens coloridas de deuses, animais e seres híbridos, compõe-se de almanaques baseados no calendário Tzolkin de 260 dias.*

# O fim dos maias

*Que outros meios foram empregados para investigar a cultura e a vida do povo maia? E até que ponto esses meios lançaram luz sobre a ascensão e queda da grande civilização? No livro Collapse, Jared Diamond examinou as várias teorias e evidências existentes para explicar o súbito desaparecimento das populações maias no auge aparente de sua prosperidade e evolução cultural – o que deve ter ocorrido, em grande parte, no período 700-1000.*

### Desmatamento e mudanças climáticas

O primeiro fator foi o próprio êxito da civilização maia. Graças à capacidade técnica para plantar alimento em grandes quantidades, ela podia manter uma população igualmente considerável. Mas, ao mesmo tempo, o solo que fornecera a colheita do ano anterior nem sempre conseguia fornecer a do ano seguinte. E quando as sociedades urbanas começaram a cortar e a queimar a floresta, expandindo seus "campos" para obter mais milho, aproximaram-se dos limites do seu sucesso. O desmatamento das encostas – a fim de abrir espaço à agricultura e proporcionar matéria-prima para os grandes projetos de construção – não podia prosseguir indefinidamente. Há aí consequências de que os homens modernos estão bem a par. Um dos primeiros efeitos do desmatamento em larga escala é a mudança climática local. Sem a cobertura das árvores, as chuvas escasseiam e a seca vai se tornando uma probabilidade cada vez maior. Existe ainda o problema da erosão do solo e o perigo dos deslizamentos que sepultam vastas áreas habitadas.

O exame que os cientistas empreenderam de alguns grandes lagos da região maia forneceu informações importantes. Extraindo sedimentos do fundo e aplicando o método de datação por radiocarbono a seus achados, os arqueólogos puderam determinar as épocas de maior ou menor índice pluviométrico. Os sedimentos dos períodos mais secos contêm proporções elevadas de oxigênio-18, um isótopo do oxigênio mais raro que o oxigênio-16 "normal". Baseando-se nesses achados, eles concluíram que a região maia foi em geral úmida de 5500 a.C. (bem antes do início da atual era de Longa Duração) a 500 a.C. De 475 a.C. a 250 a.C. as chuvas diminuíram, mas voltaram cerca de 125 d.C., quando começou uma seca que parece ter persistido até 250 d.C. Durante esse período pré-clássico registrou-se, segundo os arqueólogos, um "colapso" populacional na cidade maia que conhecemos como El Mirador.

### Anos de seca e decadência

A partir de 250, prevaleceram boas condições de umidade até que uma seca por volta de 600 coincidiu com o declínio da grande cidade de Tikal. Por volta de 760, começaram as piores secas já vistas em sete mil anos: dois anos de poucas chuvas em 760; uma década de seca entre 810 e 820; 3 anos por volta de 860; e 6 cerca de 910. Fato interessante, isso coincide com alguns dos graves colapsos nas cidades-Estado maias. Talvez mais curiosa é a teo-

*Apresentaram-se inúmeras teorias para explicar por que construções imponentes como Tikal ficaram à mercê da floresta.*

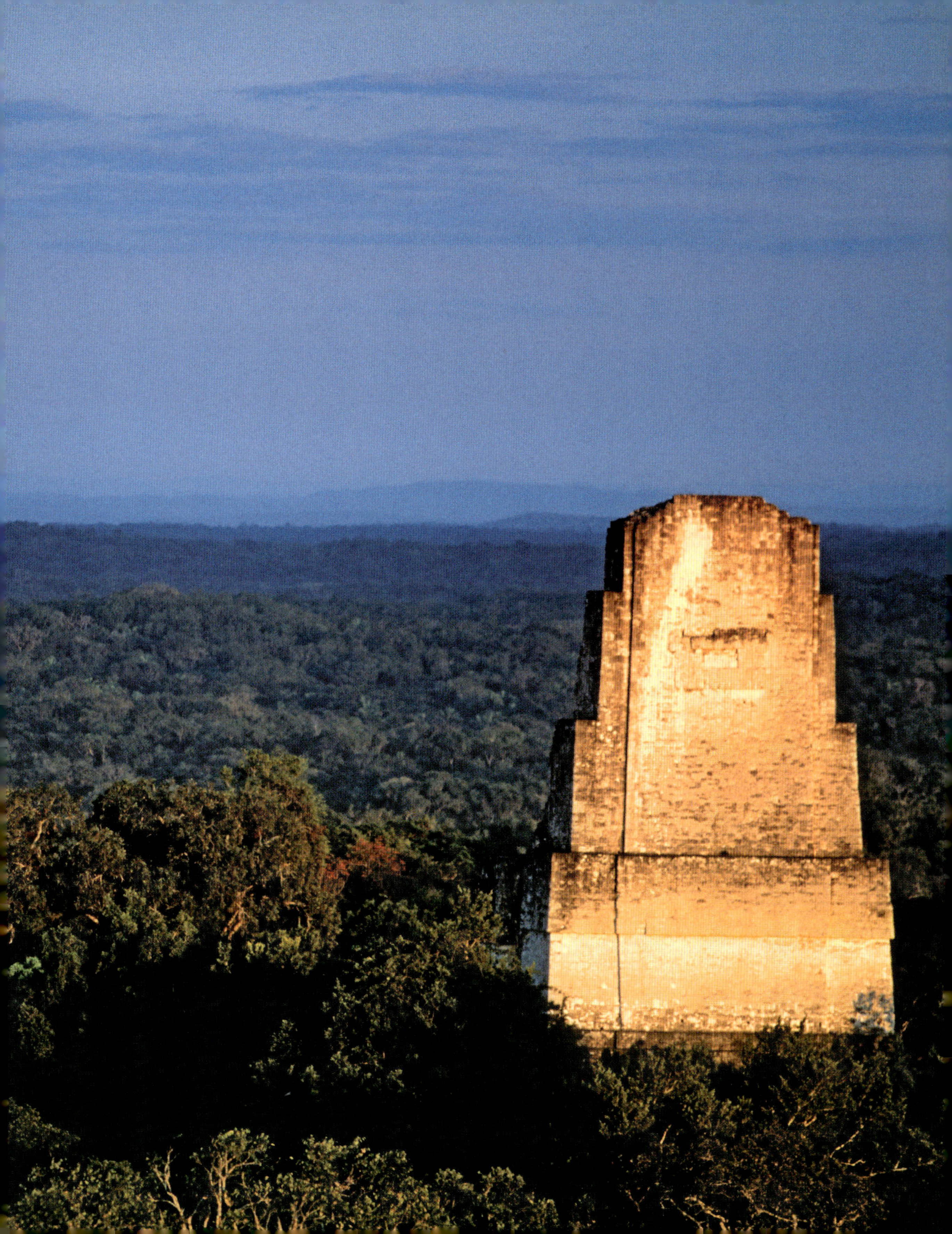

*Chichén-Itzá, no Yucatán, continuou habitada depois da era clássica maia que assistiu à ruína de outras grandes cidades. Nesse período outros povos prevaleceram, como os itzas, vencedores dos maias.*

ria segundo a qual eles se coadunam perfeitamente com o ciclo do Calendário Periódico de 52 anos; no entender dos modernos climatologistas, a seca de 208 anos (4 x 52) resultou de ciclos correspondentes da radiação solar.

## Conflitos entre cidades

Também devemos levar em conta as consequências dos conflitos entre as cidades independentes, que talvez hajam sido, por sua vez, exacerbados por fatores climáticos. Até há pouco, imaginava-se que os maias foram os *hippies* "paz e amor" do primeiro milênio. Embora adiantados cultural e espiritualmente, a verdade é que não levavam vidas isentas de violência. E quando a disputa por recursos na região se intensificou devido ao aumento populacional, multiplicaram-se também os conflitos entre os reis-sacerdotes cujo dever era salvaguardar o interesse de sua gente. Há provas de que essas guerras entre cidades, agravadas pelos problemas de abastecimento que causavam, provocaram carnificinas e devastações. Ante a possibilidade de longos períodos de seca, pouca esperança havia de que a cultura maia sobrevivesse.

## A decadência de Copán

A história de Copán fornece um exemplo interessante do modo como os maias viam sua ascensão e queda – um ciclo que era, de certo modo, o resultado inevitável do seu progresso e para o qual nós, administradores de recursos do mundo moderno, deveríamos atentar mais.

Copán, na região oeste da atual Honduras, era uma cidade pequena, mas densamente povoada, num vale ribeirinho ladeado de encostas íngremes (ver p. 36). A primeira inscrição que dela consta no calendário de Longa Duração data de 426 d.C., quando nobres ou invasores vindos de Tikal e Teotihuacán parecem tê-la anexado a seu império. Esse influxo acarretou a construção de enormes monumentos reais por volta de 650. Depois de prestar essas honras aos reis, as camadas inferiores de nobres e aristocratas decidiram que chegara a sua vez. Em 700, vários palácios de nobres estavam em construção e, em 800, cerca de 20 haviam sido edificados. Um destes consistia de 50 anexos, com capacidade para alojar umas 250 pessoas. Quem sustentava tamanho luxo? Os camponeses, é claro. A pressão para produzir alimentos e fornecer objetos de luxo como peças de jade, conchas e plumas incidia sobre as camadas inferiores.

Embora a principal área agrícola de Copán se localizasse na fértil baixada do vale ribeirinho, demandas crescentes começaram a empurrar as plantações (bem como a vida e a casa dos agricultores) encosta acima, a partir de 650. Mas esse movimento tinha limites: embora a certa altura 40% dos trabalhos agrícolas se fizessem nas encostas, a arqueologia revelou que o vale lá embaixo foi se cobrindo de sedimentos descidos do alto, durante o século VIII.

A pressão para se obter mais de um solo desmatado e acidificado não funcionou. Com efeito, as terras férteis do vale estavam agora contaminadas pela camada superficial vinda das encostas. Análises de dentes cariados e ossos porosos de esqueletos humanos oriundos dos sítios de Copán revelaram que a subnutrição e outros males dela resultantes se agravaram entre 650 e 850. Embora isso afetasse a população inteira, quem mais sofreu com a penúria de recursos foram, novamente, os camponeses.

Os últimos edifícios de grande porte em Copán surgiram por volta de 800 e a última data do calendário de Longa Duração foi inscrita num altar inacabado em honra de um rei (c. 822).

## O colapso da civilização maia

Análises em outros sítios da região maia mostraram que algumas cidades ainda floresciam em 900 ou 925, mas decaíram nos 50 anos seguintes. Chichén-Itzá, talvez a maior aglomeração na área norte da península do Yucatán, continuou a crescer depois do ano 1000 e só se arruinou em consequência da guerra civil, por volta de 1250. De um modo geral, porém, estima-se que a destruição e a morte liquidaram de 90 a 99% dos povos maias após 800. Depois disso, tudo o que pudesse ser chamado de civilização, inclusive o calendário de Longa Duração e os rituais da vida espiritual dos maias, desapareceria para sempre.

Os maias consideravam sua ascensão e queda um ciclo inevitável? Eis uma pergunta difícil de responder. Mas talvez, no microcosmo de sua civilização clássica, possamos detectar o reflexo de nossa própria sociedade. Vivemos, durante séculos, com a imagem de um crescimento incontrolável e de uma evolução tecnológica contínua. Pensávamos que isso não teria fim – só haveria aperfeiçoamento constante, conforto cada vez maior e vidas cada vez mais fáceis. Provavelmente, a verdade que agora começamos a perceber é a mesma com que os maias se defrontaram: a expansão tem limites; somos também sujeitos às forças naturais; e os ciclos da natureza talvez sejam mais fortes que nossa capacidade de curvar o mundo natural aos nossos caprichos.

*Todos os indícios de civilização em Copán desapareceram sob a mata, após a ruína da cidade. Mas as obras de seus artistas foram em grande parte trazidas à luz e restauradas.*

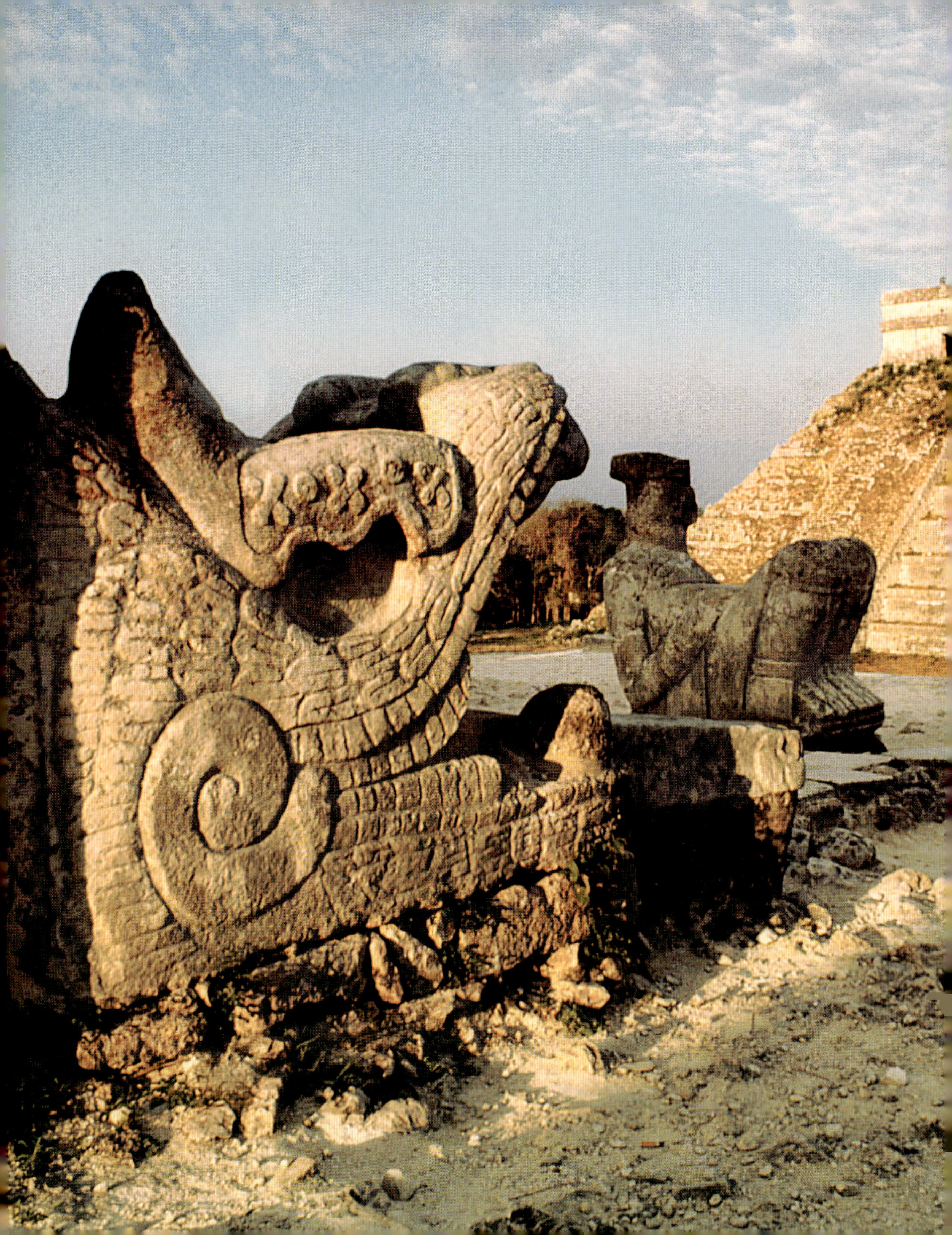

**Capítulo 3**

# A VISÃO DE MUNDO DOS MAIAS

Quando os primeiros conquistadores espanhóis chegaram à península do Yucatán, os maias – tal como os astecas, mais a oeste – foram encarados como vis adoradores de Satã pelos agressores católicos. Entretanto, nos últimos quatro séculos, os maias vêm aos poucos sendo reabilitados. Muito justamente, passaram a ser respeitados como, talvez, a maior cultura que já existiu no continente americano.

    Para os maias, tudo o que criavam tinha relação com sua compreensão do universo e da ordem subjacente a ele. A espiritualidade, a cultura e a arte desse povo eram reflexos autênticos de sua visão de mundo. Mestres do tempo e da profecia, procuravam exprimir essa atitude por todos os meios possíveis – ritos e práticas religiosas, formas artísticas ou realizações literárias. Tratavam de temas importantes: ciclos do tempo, do ritual e da morte, forças destruidoras da natureza e, talvez mais importante que tudo, o movimento das estrelas no céu, pelo qual tinham verdadeiro fascínio.

# Divindades maias

*Ao examinar os conceitos e rituais dos maias, é importante distinguir entre as muitas manifestações de seus diferentes grupos. No século XVI, quando esse povo teve os primeiros contatos com os europeus, existiam cerca de 30 dialetos maias, muitos dos quais podem ser ouvidos ainda hoje por toda a Mesoamérica.*

### Diferenças e semelhanças entre os maias

Havia também contrastes e diferenças entre os maias do norte, das planícies do Yucatán e dos planaltos de Chiapas, do sul da Guatemala e Honduras, que ostentavam nomes tribais como chorti, kekchi, quiché, mam, tzotzil e tojolabal. Observâncias religiosas e datações, como a do calendário de Longa Duração (ver p. 84), vitais para os maias da península do Yucatán, eram muito menos importantes, no século XVI, para os povos pós-clássicos das terras altas.

Em alguns casos, porém, conceitos e rituais significativos para um grupo também o eram para muitos outros, embora com nomes diferentes. Quetzalcoatl, a Serpente Emplumada da região central da América do Sul, chamava-se Kukulkán no Yucatán e Gucumatz nos planaltos dos povos quiché e cakchiquel (ver pp. 53 e 120).

### O panteão maia

Como ocorre em muitas culturas, os maias acreditavam que houve um tempo de criação durante o qual os deuses estabeleceram o padrão da vida humana. Os próprios deuses nasceram, cresceram, submeteram-se a iniciações e ritos de passagem, sofreram transformações, morreram e renasceram, sendo muitas vezes elevados à condição de corpos celestes. Na mitologia maia, os deuses primitivos lavraram campos onde plantaram o milho, vigiaram seu crescimento e depois o colheram – a mais antiga metáfora para o modo como a divindade encara a vida humana de sua perspectiva superior. Descrevia-se o mundo como uma seara de milho onde as pessoas eram as espigas que o deus da morte, Hun Nal, ceifava. Os deuses também profetizavam, metiam-se em guerras, formavam alianças e casavam-se.

O panteão maia era um mapa para a interação humana e fornecia o modelo para a conduta da elite. Cada divindade podia adotar diferentes disfarces, o que torna sua identificação um processo dos mais complicados. Embora houvesse cerca de 165 deuses principais, algumas fontes maias apresentam a ideia de uma divindade suprema chamada Itzam Ná (Casa do Iguana) ou Ah Xoc Kin, o inventor da escrita hieroglífica e patrono das artes e ciências. Durante o dia, ele era também o deus solar K'inich Ahau; à noite, supunham os maias que se transformasse num jaguar para descer à sua morada subterrânea. Em forma de serpente emplumada, recebia o nome de Kukulkán, a mesma presença crística conhecida pelos astecas como Quetzalcoatl. Reinava a seu lado Ix'Chel, a deusa da tecelagem, da cura e do parto.

Chac era uma das divindades mais importantes da cultura mesoamericana, fonte das chuvas e dos raios. Conhecido entre os astecas como Tlaloc, aparece quase sempre empu-

*Esta urna de terracota representa a suprema divindade maia, Itzam Ná, inventor da escrita hieroglífica.*

nhando machados e serpentes, símbolos de suas forças naturais. O antigo deus maia da morte, geralmente representado em forma de esqueleto, chamava-se Yum Cimih, mas era também conhecido como Cizin, o "Flatulento".

## Divindades do calendário

Os deuses maias integravam também o sistema de calendários. Os maias clássicos acreditavam que cada divisão nesse sistema era presidida por uma divindade ou conjunto de divindades. O dia, a noite, o ano solar Haab' de 365 dias, o *katun* de 7.200 dias, o ciclo lunar e o ciclo de Vênus, todos tinham suas divindades protetoras. Ao contrário da concepção européia de Vênus como a deusa do amor, para os maias esse planeta era uma rude presença masculina – chamada Lahun Chan – que influía no destino da humanidade e pressagiava acontecimentos terríveis como as guerras. Quando Vênus brilhava no céu, cerravam-se logo as janelas. De certo modo isso lembra mais a interpretação europeia de Marte, planeta que os maias também conheciam, mas desempenhava papel menos importante.

Esses e outros deuses aparecem com destaque no grandioso poema épico Popol Vuh (ver p. 60), no qual os homens nascem para alimentar os deuses. Conforme veremos, essa imagem de sacrifício é parte importante do calendário maia e de sua visão do destino final da humanidade.

## Os deuses e os ciclos da vida

Os maias conheciam bem as divindades que presidiam aos períodos de tempo e o modo como sua influência podia ajudá-los ou atrapalhá-los em suas atividades. Os deuses do calendário, porém, não existiam apenas para prever épocas favoráveis; participavam intensamente da organização e renovação do mundo, que os ciclos de vida dos maias exigiam.

Nos rituais maias, nobres e governantes costumavam usar roupas e máscaras de deuses, assumindo-lhes as qualidades e prerrogativas. Os súditos até os percebiam como os próprios deuses, veículos da vontade divina (embora apenas temporariamente) em seus esforços para preservar a ordem no universo.

A arte maia também nos diz muita coisa sobre as relações entre deuses e homens. Objetos usados nos rituais tornavam-se, em consequência, mais valiosos. A decoração incorporava frequentemente elementos

*Uma estela de Santa Lucia Cotzumalguapa, na Guatemala, mostra uma divindade planetária e registra um acontecimento astronômico com sua data.*

## DIVINDADES MAIAS

narrativos do mito e os glifos (símbolos gráficos) contavam histórias ou forneciam datas de acontecimentos importantes. Imagens de deuses, símbolos astronômicos e elementos proféticos tinham seu papel naquilo que eram, essencialmente, peças de arte "codificadas".

Boa parte desse trabalho se fazia por encomenda dos governantes das cidades-Estado. As peças adornavam seus palácios e provavam a todos quantos lhes admiravam a prosperidade e o gosto que eles estavam qualificados para governar e tinham ligações íntimas com a obra dos deuses. Em alguns casos as peças eram colocadas na tumba do proprietário, para acompanhá-lo em sua jornada até o céu. Taças e vasos mostrando cenas da vida na corte e estatuetas de terracota representando pessoas ligadas a uma personalidade real também podem ser encontrados: sacerdotes, músicos, servos, jogadores de bola, corcundas e mulheres belamente penteadas continuavam a desempenhar seu papel por meio de representações.

*O deus-serpente Kukulkán aparece, neste alto-relevo encontrado no Convento de Uxmal, abrindo caminho sobre um fundo geométrico.*

## Deuses e pontos cardeais

Os deuses podiam manifestar-se sob diversas formas (inclusive a dos governantes humanos), conforme suas esferas pessoais de influência e prerrogativa. Alguns tomavam o aspecto de fenômenos naturais, como o raio e o trovão, o vento, a chuva e o fogo. Outros se encarnavam em plantas ou bichos. No domínio animal, havia quatro tipos: os rastejantes (lagartos, cobras e tartarugas), os andantes (sobretudo mamíferos) os voadores (pássaros, morcegos e insetos de asas) e os nadadores (crocodilos, jacarés e peixes). Essa quádrupla corporificação é comum na cosmologia maia, com as divindades frequentemente assumindo formas diversas de acordo com os quatro diferentes aspectos dos pontos cardeais – que refletem o espaço e o tempo do mundo maia.

De fato, o conceito das quatro direções primárias da bússola é um dos princípios-chave da crença dos maias e integra sua arte, arquitetura e religião. Cada direção revestia significados específicos e era representada por uma cor: o norte se ligava ao branco, o sul ao amarelo, o leste ao vermelho e o oeste ao preto.

*Os vasos maias muitas vezes exibem cenas da vida ritual. Este mostra o governante sentado num trono de jaguar, participando de uma sessão divinatória com um sacerdote.*

### A história de Kukulkán/Quetzalcoatl

Kukulkán para os maias, Quetzalcoatl para os astecas, é um dos deuses mais importantes das civilizações mesoamericanas. Segundo a mitologia asteca, ele era um dos quatro deuses criadores – Vermelho Tezcatlipoca ou Xipe Totec identificava-se com o leste, Azul Tezcatlipoca ou Huitzlopochtli com o sul, Preto Tezcatlipoca com o norte e Quetzalcoatl ou Branco Tezcatlipoca com o oeste. As lutas e confrontos pela supremacia entre esses quatro deuses levaram à criação e destruição de quatro idades ou sóis sucessivos.

Para os astecas, Quetzalcoatl era o deus do vento e veio para abrir caminho para a chuva. Sob esse aspecto, era o sopro da vida, fazendo com que a vegetação terrestre deslizasse como uma serpente coberta de plumas verdes. Também se acreditava que houvesse sido um rei divino, pródigo em bênçãos para o mundo: aperfeiçoou a agricultura, protegeu as artes e ensinou uma filosofia refinada de gentileza e ascetismo (ver p. 120).

# O inferno e a árvore do mundo

*Para os maias, o mundo tinha três níveis: o inferno (Xibalbá), que por sua vez tinha nove; o mundo do meio, a esfera dos homens; e o plano celeste, suportado por quatro deuses chamados Bakabs. No esquema das quatro direções da crença maia (ver p. 53), os Bakabs eram quatro irmãos que sustentavam o céu, cada um num ponto cardeal, cada um associado a uma das quatro cores e cada um consignado a uma parte do calendário.*

### O inferno

O Xibalbá era o lugar do terror, o mundo subterrâneo, o inferno. Governavam-no dois deuses: Hun Came (Uma Morte) e Vucub Came (Sete Mortes), os quais – no mito do Popol Vuh dos maias quiché (ver p. 60) – foram responsáveis pelo fim de Hun Hunahpú e Vucub Hunahpú, pai e tio dos Heróis Gêmeos. Hun Came e Vucub Came não estavam sozinhos no Xibalbá: presidiam a toda uma legião de deuses da morte nomeados segundo a maneira com que levavam a cabo suas execuções.

No Popol Vuh, os deuses do Xibalbá se encarregam dos testes e desafios de seis casas: a Casa dos Morcegos, a Casa dos Punhais, a Casa das Trevas, a Casa dos Jaguares, a Casa do Fogo e a Casa do Frio, cada uma das quais propicia uma experiência mais perigosa e assustadora que a outra aos Heróis Gêmeos. E, segundo o modelo do purgatório em outras religiões, os governantes dos maias (ao que parece, essas experiências eram reservadas, até certo ponto, à aristocracia) precisam submeter-se às provas para ressuscitar como corpos celestes. A fim de reforçar o poder do inferno na psique dos maias, o deus da morte Bolon Yookte' K'uh reivindicará este mundo para o Xibalbá ao término da quinta idade maia (21 de dezembro de 2012), quando, de acordo com as predições de alguns especialistas, todos teremos de passar pelas provas infernais.

### A árvore do mundo

A árvore do mundo era uma das mais vigorosas imagens maias da criação. Originalmente, acreditava-se que fosse apenas uma metáfora para a relação entre os três níveis da existência (céu, terra e inferno): a árvore se firma na terra, seu tronco e ramos sobem na direção do céu, enquanto suas raízes buscam o mundo subterrâneo conhecido como Xibalbá. No Templo da Cruz, em Palenque, pode-se ver o Wakah Chan, ou Céu Erguido, que descreve essa relação. No topo da imagem está Itzam-Yeh, o grande pássaro, com a cabeça mergulhada no céu. Embaixo arrasta-se um deus aquático cuja boca representa os umbrais do Xibalbá.

Alguns estudiosos dos maias equacionam o crescimento da árvore do mundo com certos fenômenos celestes reais que ocorreram no começo do calendário de Longa Duração, a 13 de agosto de 3114 a.C. Linda Schele, eminente maianista e autora de *Maya Cosmology*, acredita que a árvore do mundo, na cosmologia maia, refere-se na verdade à Via-Láctea.

# O INFERNO E A ÁRVORE DO MUNDO

Chegou a essa conclusão depois de estudar a provável posição das estrelas em meados de agosto de 3114, descobrindo que a Via-Láctea avançava a pino na direção norte-sul – um verdadeiro eixo dos céus.

A imagem na tampa do túmulo de Pacal, o Grande, descoberto sob o Templo das Inscrições de Palenque (ver p. 130), mostraria o governante maia na árvore do mundo, talvez despencando no inferno antes de ressuscitar para o mundo superior.

A árvore do mundo explica que os humanos estão entre o céu, em cima, e o inferno, embaixo. Fato importante, eles fazem a mediação entre os 13 céus e os nove infernos da cosmologia maia. A grande árvore do mundo era o meio pelo qual a esfera sobrenatural e a esfera natural podiam se comunicar.

*Associado ao sol poente, o deus caído aparece em peças pintadas e esculpidas como esta urna cerimonial. Liga-se também ao culto do milho e traz flores numa das mãos.*

# Ritual e sacrifício

*Um dos mais importantes rituais da prática religiosa era a sangria. Esse ato penoso era executado por membros das classes dominantes como uma oferenda aos deuses. Reis e rainhas praticavam a sangria em toda etapa crucial de suas vidas e ao fim de cada fase significativa dos ciclos do calendário.*

*Página oposta: Um lintel do Templo 23 em Yaxchilán mostra o governante Joia Jaguar vendo sua esposa, a senhora Xoc, realizar um ritual de sangria: ela passa a língua em uma corda eriçada de espinhos.*

*Abaixo: Na Estela A em Copán, Honduras, vemos o famoso rei Dezoito Coelho rodeado de criaturas solares e símbolos dos rituais de sangria.*

## A prática da sangria

Essa prática envolvia a punção para liberar o sangue, imediatamente recolhido num papel especial. As partes preferenciais do corpo, em se tratando de reis, eram a orelha, a língua e o prepúcio. Escavações de cemitérios revelaram que as rainhas também picavam seus genitais.

Uma vez coletado o sangue, o papel manchado era queimado numa pira ritual para honrar os deuses e pedir que, com seu poder, mantivessem a ordem do cosmos e a continuidade da vida. Nisso deveria haver também preocupações de ordem política, pois se tratava de um meio graças ao qual os governantes enfatizavam sua própria participação no processo criativo divino. Tudo ia bem enquanto as colheitas prosperavam e as cidades-Estado floresciam. Mas, quando seus reinos começavam a desintegrar-se, os governantes vagavam de cidade em cidade praticando rituais de sangria a fim de evitar a irrupção do caos.

Acredita-se que os sacerdotes administrassem alucinógenos aos monarcas antes da penosa operação, como analgésico e como meio de pô-los em contato mais direto com os deuses. Drogas como o bal'ché – feito de cascas de árvore, mel, tabaco selvagem, sementes de determinadas plantas e cogumelos – foram sem dúvida usadas pelos maias em diferentes épocas. Os reis, além de ingerir drogas psicoativas oralmente, recebiam-nas, conforme sugerem algumas estatuetas de terracota, analmente como clister, na suposição (acertada) de que assim as substâncias penetrariam mais depressa no fluxo sanguíneo e provocariam um "barato" mais forte. Talvez a forma mais estranha de droga psicoativa fosse a extraída do sapo gigante tropical (*Bufo marinus*), cujas exsudações epidérmicas, uma vez ingeridas, constituíam poderoso auxílio para obter estados alterados de consciência.

## Sacrifícios humanos

Por muito tempo se acreditou que os maias amassem a paz e não fossem um povo violento: viveriam uma vida idílica, à maneira dos *hippies*, no âmago das selvas, ao contrário dos sanguinários astecas, que costumavam realizar dezenas (ou centenas) de milhares de sacrifícios humanos por ano. Mas, aprofundando-se o conhecimento dos hieróglifos, ficou claro que conflitos e derramamentos de sangue eram tão comuns entre eles quanto entre os astecas. Assim como o ritual da sangria, praticado pelos reis, nutriria e propiciaria os deuses, assim o sacrifício de prisioneiros, escravos e, sobretudo, crianças lograria o mesmo resultado. Com efeito, julga-se hoje que órfãos e filhos ilegítimos eram criados especialmente para ocasiões de sacrifício ritual.

Os maias consideravam indesejável a morte por causas naturais, pois ela não garantia a jornada para os mundos superiores. Já o sacrifício agradava aos deuses e reservava um lugar no céu. Uma boa morte, supunham eles, era tão importante quanto uma vida boa.

RITUAL E SACRIFÍCIO 57

# Revelações místicas da arte

*Desde a descoberta quase simultânea de murais no sítio maia de Bonampak, perto de Palenque, em 1946, por dois americanos que trabalhavam independentemente – o consciencioso crítico Carlos Frey e o explorador Giles Healey –, passou-se a enfatizar o modo como as pinturas maias mais importantes foram arrancadas à obscuridade das selvas mesoamericanas. Esses murais nos fornecem uma visão incrivelmente vívida dos mitos e rituais maias, em particular a importância da sangria.*

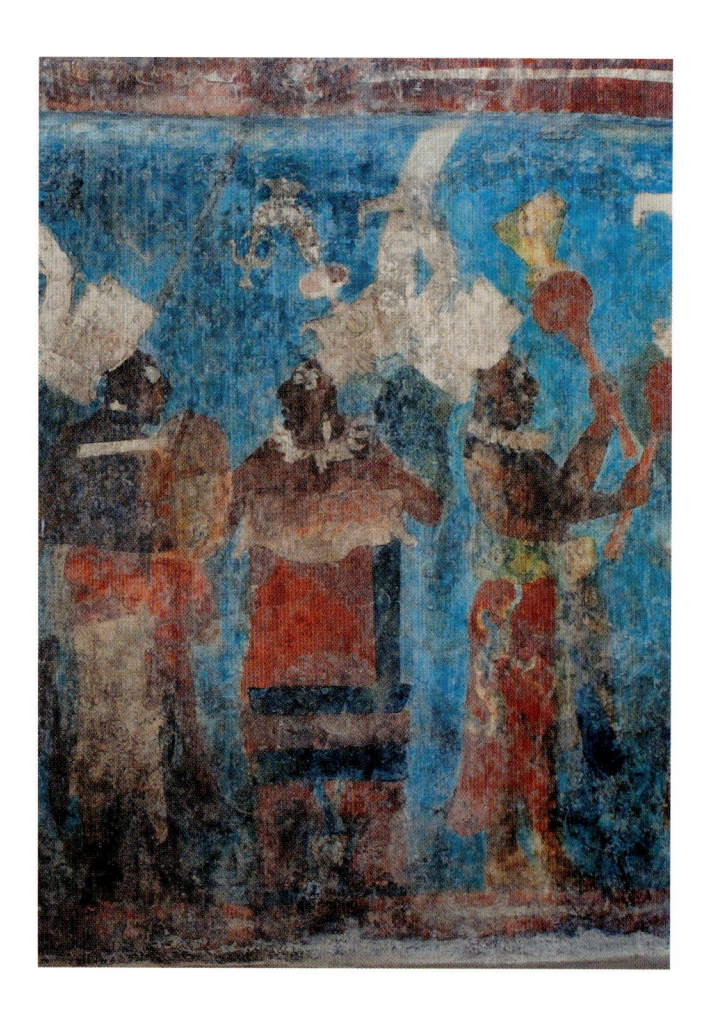

A professora Mary Miller, da Universidade de Yale, disse: "Talvez nenhum artefato isolado do velho Novo Mundo ofereça um panorama mais complexo da sociedade pré-hispânica do que as pinturas de Bonampak. Nenhuma outra obra mostra, nos mínimos detalhes, tantas personagens do mundo da corte, o que faz dos murais de Bonampak uma fonte sem paralelo para entendermos essa antiga cultura."

## Os murais de Bonampak

As pinturas de Bonampak devem datar de 790 e foram feitas como afrescos em gesso úmido numa poucas sessões curtas. Os murais ocupam três salas e, segundo parece, mostram uma série de acontecimentos históricos apresentados em estilo realista.

Na primeira sala vemos sacerdotes e nobres vestindo-se para uma cerimônia. Vem a seguir a imagem da própria cerimônia, na qual uma criança é confirmada como herdeira de uma dinastia nobre. Uma orquestra toca tambores, trombetas de madeira e outros instrumentos musicais. Um dos músicos

*Os murais de Bonampak foram pintados originalmente com cores brilhantes, mas sofreram danos por causa de um trabalho descuidado de restauração. Seus descobridores do século XX aplicaram querosene à superfície para realçar as imagens.*

usa garras de caranguejo, enquanto os nobres conversam. A segunda sala exibe uma cena de guerra e prossegue mostrando os senhores de Bonampak arrastando prisioneiros (identificados pelos dedos que sangram) aparentemente para o sacrifício. A ação nas pinturas da terceira sala se passa diante de uma pirâmide e mostra outra cerimônia de que participam os senhores de Bonampak. Aqui os vemos picando a língua num ritual de sangria. Há também hieróglifos que fornecem datas do calendário de Longa Duração para os acontecimentos, bem como os nomes dos principais personagens participantes.

Esses murais, que confirmam o talento dos maias em pinturas de grande porte, foram analisados por especialistas, que tentaram decodificar-lhes o conteúdo. Maurice Cotterell, em seu livro *The Supergods*, sugere que a imagem dos músicos na primeira sala contém informações ocultas sobre uma história bem diferente. Afirma que sua análise visual própria das imagens revela uma narrativa distinta a respeito de Xipe Totec, o deus do leste e dos sacrifícios sangrentos.

*Imagem contínua do exterior de um vaso, com decoração policromática em estilo Chama e bordas em "V". Oriundo da região de Chama, na Guatemala, esse estilo espalhou-se durante o período clássico maia.*

## San Bartolo

Em 2003, uma série impressionante de murais foi descoberta em San Bartolo, no norte da Guatemala, a nordeste de Tikal. Sob uma pirâmide de 25 m de altura, conhecida como Las Ventanas (As Janelas), uma equipe de arqueólogos de Harvard que escavava o local encontrou uma sala coberta com 12 metros de cenas mitológicas pintadas com esmero. A sala, chamada hoje Cuarto de las Pinturas (Quarto das Pinturas), foi descrita pelo chefe da equipe de Harvard como o equivalente maia do teto da Capela Sistina, no Vaticano.

A datação por radiocarbono do mural, em cerca de 250 a.C., confirmou importantes aspectos novos da cultura e mitologia maia. Aqui, há evidência de que o mito da criação mais conhecido dos maias – o Popol Vuh – já fazia parte dessa cultura há mais de dois mil anos. Um grande pássaro de duas cabeças, pousado no topo de uma árvore, representa Vucub Caquix, que foi morto pelos Heróis Gêmeos do Popol Vuh, até então conhecido apenas como um texto do povo maia quiché escrito por volta de 1550. Portanto, o que devemos examinar agora em detalhe é o Popol Vuh.

# O Popol Vuh, principal mito maia

*O Popol Vuh, redescoberto e traduzido por Charles-Étienne Brasseur de Bourbourg, narra o principal mito da criação dos maias quiché, mas é possível que outras tribos maias possuíssem suas próprias versões da história. Embora o manuscrito haja sido elaborado no século XVI d.C., o Popol Vuh contém muitos dos personagens e acontecimentos que se sabe, por outras fontes, terem estado presentes na mitologia dos maias clássicos pelo menos 700 anos antes.*

*Este glifo, de um painel descoberto em Toniná, mostra o antigo jogo de bola maia. Toniná, como vários outros sítios maias, tinha sua própria quadra de esportes.*

Boa parte dos indícios que atestam a antiguidade do Popol Vuh provém da arte maia. As pinturas de San Bartolo, datadas de 250 a.C., revelam elementos-chave do mito (ver p. 59). Outra evidência importante é o Vaso de Princeton, o qual, segundo alguns estudiosos, é o mais primoroso exemplo da arte maia.

O vaso mostra o deus infernal L e os Heróis Gêmeos num cenário que lembra uma corte ou palácio. Nessa cena intricada, o deus L amarra um bracelete de jade no pulso de uma jovem, enquanto os Heróis Gêmeos – ambos mascarados para ocultar sua identidade – estão aparentemente exibindo um truque de magia. Ao fundo, um serviçal faz espumar chocolate transferindo o líquido de um vaso para outro.

A representação dos personagens é particularmente sutil. O vaso, que se calcula ter sido fabricado entre 600 e 800, foi descoberto em Nakbé, ao norte de Petén, atual Guatemala. Pintando uma cena do Popul Vuh, a peça ressalta a importância do mito no sistema corrente de crenças dos maias.

## O jogo de bola no Popul Vuh

O Popol Vuh revela muitas das principais preocupações dos maias. Nele, vemos ciclos de tempo, mundos que acabam de maneira catastrófica, o extraordinário poder da natureza e a integração dos deuses ao mundo estrelado do alto. No entanto, um elemento crucial do Popol Vuh exige explicação antes de o mito ser devidamente apreciado: o famoso jogo de bola praticado em toda a Mesoamérica e até pelos deuses.

Se o século XXI é fanático por futebol, os maias clássicos e as culturas que os precederam eram obcecados por esse jogo. Todas as grandes cidades-Estado tinham sua quadra. Em desenho e estrutura, essas quadras não eram idênticas, mas a configuração mais comum tinha a forma de "I", com dois lados inclinados que (presume-se) apresentavam um desafio maior aos jogadores. Os participantes, nesse jogo não raro violento, vestiam proteção especial para os braços e pernas.

Algumas quadras possuíam um aro, ou uma série de aros, encravados verticalmente numa das paredes. Como no basquetebol, as equipes procuravam passar a bola – cujas dimensões variavam, podendo ser do tamanho das de tênis ou das de futebol – por esse aro a fim de marcar pontos. Muito se especulou a respeito do destino do time perdedor e alguns especialistas acham que a morte era o castigo da derrota –, tema que desperta tanta atenção quanto o das origens mitológicas do jogo e seu registro no Popol Vuh.

*Este alto-relevo da era clássica posterior mostra uma figura que veste o traje protetor e ritualístico do jogador de bola. Grandes craques e jogos importantes eram às vezes celebrados em painéis de pedra esculpidos.*

## A história da criação do Popol Vuh

No começo do Popol Vuh tudo é tranquilidade e paz, antes da existência

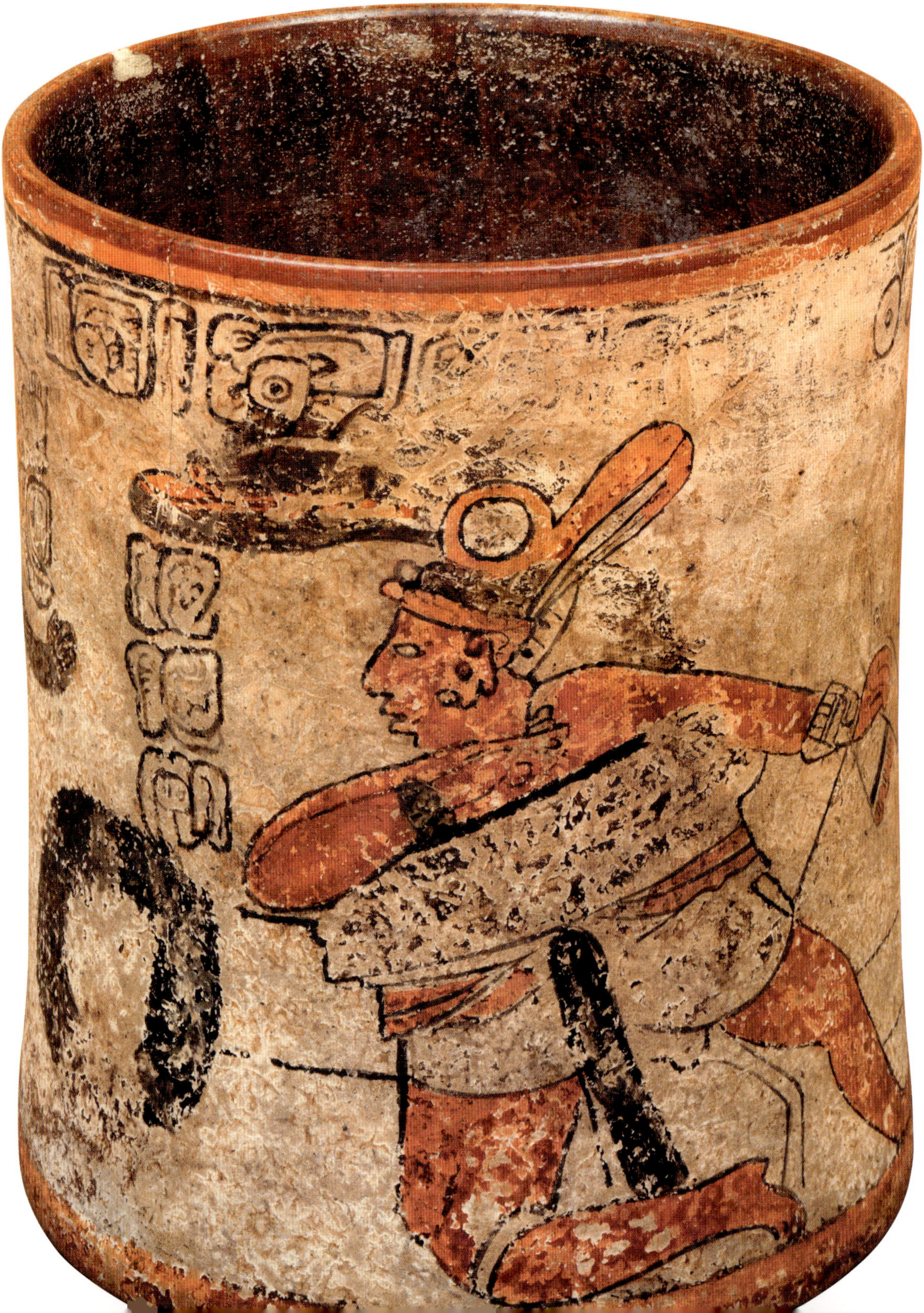

do mundo; apenas um lago de contornos indefinidos se estende sob o céu. Então o deus Gucumatz, a Serpente Emplumada, e Huracán, o Coração do Firmamento, criam pelo poder da palavra a paisagem e os animais. Mas estes, destituídos de fala, não podem glorificar seus deuses e são condenados a tornar-se alimento para as criaturas dotadas de linguagem, que ainda não nasceram. A princípio, os dois deuses tentam fazer essas criaturas de barro, mas elas se mostram muito frágeis e logo retornam ao pó.

Os grandes deuses pedem então ajuda a um velho casal de videntes, Xpiyacoc e Xmucane, os quais – enquanto contam os dias do calendário sagrado de Tzolkin – aconselham que os humanos sejam feitos de madeira. Logo depois o mundo se enche de homens feitos de pau e mulheres feitas de caniço. Embora possam falar, essas figuras não têm alma e por isso não conseguem ainda reverenciar seus deuses: devem, pois, ser destruídas. Vem um dilúvio, uma chuva de resina inflamada cai do céu e demônios acorrem para dar cabo dos humanos. Os únicos sobreviventes são transformados em macacos selvagens e autorizados a viver assim, como imagem do fracasso dos seres de madeira. Quando termina a primeira parte do Popol Vuh, os deuses ainda não conseguiram criar humanos capazes de glorificá-los com preces e oferendas.

## A jornada dos gêmeos

Os primeiros gêmeos nasceram dos videntes Xpiyacoc e Xmucane. Seus nomes, no calendário sagrado de Tzolkin, são Hun Hunahpú (Um Hunahpú) e Vucub Hunahpú (Sete Hunahpú). Cresceram e se tornaram adeptos do grande jogo de bola; a quadra onde jogam é, na verdade, a estrada para o mundo subterrâneo chamado Xibalbá.

Quando os senhores do inferno, Hun Came (Um Morte) e Vucub Came (Sete Morte), ouviram o tremendo barulho do jogo por cima de suas cabeças, decidiram eliminar os gêmeos preparando-lhes uma armadilha e fizeram com que seguissem quatro corujas mensageiras enviadas do mundo subterrâneo. Os gêmeos empreenderam a perigosa jornada atravessando corredeiras, espinheiros e um rio de sangue. Passaram por esses e outros testes, mas um último desafio humilhante exigiu que mantivessem charutos e tochas acesas durante toda a noite, dentro da Casa das Trevas.

De manhã, os deuses descobriram que eles haviam falhado: foram ritualisticamente mortos e sepultados na quadra de esportes do próprio Xibalbá, exceto pela cabeça de Hun Hunahpú, posta numa árvore morta. A árvore imediatamente se encheu de abóboras maduras – uma das quais era a cabeça de Hun Hunahpú. Uma jovem do mundo subterrâneo, Xquic, passou perto da árvore e, ao estender a mão para colher um fruto, a cabeça se partiu entre seus dedos. Isso a fez engravidar.

O pai de Xquic, um dos deuses infernais, descobriu que a filha estava grávida e decidiu que teria de matá-la. Mas ela, com a ajuda das corujas mensageiras, conseguiu escapar para o mundo superior da Terra, onde se encontrou com Xmucane, mãe dos gêmeos mortos, e disse-lhe ser a esposa de Hun Hunahpú. Pouco depois deu à luz aos verdadeiros Heróis Gêmeos do Popol Vuh: Hunahpú e Xbalanque.

*Acima: Evidência do caráter bárbaro do jogo de bola, esta peça de cerâmica do período clássico posterior mostra um jogador vencedor segurando na mão esquerda, como troféu, a cabeça de um adversário derrotado.*

*Página oposta: Aspectos míticos do jogo de bola eram muitas vezes gravados em vasos cilíndricos policromáticos, típicos do período clássico maia.*

## O ataque de Sete Arara

Logo ocorreu uma inundação, trazendo para a superfície da Terra monstros terríveis. O pior deles era Vucub Caquix (Sete Arara), a mais vaidosa de todas as criaturas, que se dizia o Sol e a Lua, a senhora do universo. Os Heróis Gêmeos resolveram acabar com esse pássaro e, quando ele pousou em sua árvore favorita, Hunahpú feriu-o na cabeça com um dardo de zarabatana. O golpe não foi fatal e Vucub Caquix, furioso, arrancou o braço do agressor e voou para longe com ele. Mas, graças à ajuda de um velho casal de curadores e mágicos, os gêmeos surpreenderam Vucub Caquix e exigiram-lhe os olhos e os dentes. O pássaro impotente, já sem motivo para exibir-se, logo morreu. Os velhos curadores recolocaram o braço de Hunahpú no lugar, devolvendo assim o pleno poder aos gêmeos.

## As provas dos Heróis Gêmeos

Como seu pai e seu tio, os Heróis Gêmeos aprenderam a jogar bola na quadra. De novo os senhores do Xibalbá se sentiram incomodados com o terrível barulho do jogo, recomeçando assim o ciclo de conflito entre os gêmeos e os deuses. Mas, dessa vez, o desfecho seria diferente. Ameaçados pela chegada dos gêmeos, os deuses submeteram-nos ao mesmo teste impossível: deram-lhes charutos e tochas, mandando que passassem a noite na Casa das Trevas. Ao contrário de seus ancestrais, os novos gêmeos amarraram plumas coloridas às

*Construída durante o período da cultura zapoteca, a quadra de esportes de Monte Albán, Oaxaca, era usada para uma versão do jogo chamada lachi, na qual os jogadores deviam lançar a bola na extremidade em "I" do campo adversário.*

tochas para que parecessem labaredas e colocaram vagalumes nas pontas dos charutos, para que parecessem brasas. De manhã, os gêmeos vitoriosos desafiaram os deuses e reivindicaram o direito de viver.

Um dia depois, porém, os deuses apresentaram a Hunahpú e Xbalanque uma nova série de provas para a noite seguinte. Depois de passar com êxito pela Casa dos Punhais, a Casa do Frio, a Casa dos Jaguares e a Casa do Fogo, eles foram instados a entrar na Casa dos Morcegos. Os gêmeos conseguiram esconder-se dentro dos próprios tubos de suas zarabatanas; mas Hunahpú cometeu um erro fatal quando espiou para fora a fim de ver se o Sol já se levantava – e Camazotz, o deus-morcego assassino, prontamente lhe decepou a cabeça.

## Morte e renascimento

Os deuses da morte levaram a cabeça de Hunahpú para a quadra de jogos, onde festejaram a vitória sobre os gêmeos. A guerra, porém, não acabara. Pouco antes do amanhecer, Xbalanque chamou os animais para lhe trazer comida e um guaxinim apareceu com uma grande abóbora, que Xbalanque colocou sobre o corpo inanimado de Hunahpú. A abóbora se transformou numa nova cabeça e Hunahpú pôde ver, ouvir e falar de novo. Indo alta a manhã, os gêmeos surgiram de súbito na quadra do mundo subterrâneo, prontos para o confronto final com os deuses.

Os deuses atiraram a cabeça de Hunahpú na arena, para servir de bola, mas Xbalanque arremessou-a com tamanha força que ela foi cair no mato. Na confusão que se seguiu, Xbalanque logrou recuperar a cabeça e recolocou-a no corpo do irmão, que ficou novamente completo. Irritados com a derrota na quadra, os deuses da morte cavaram um poço de fogo e ordenaram que os gêmeos mergulhassem nele. Os gêmeos resolveram fazer o sacrifício exigido: saltaram nas chamas e morreram queimados.

Para assegurar-se da vitória, os deuses trituraram os ossos dos gêmeos e lançaram o pó ao rio. Mas, em vez de dispersar-se, o pó se acumulou no fundo e cinco dias depois os gêmeos renasciam como homens-peixes.

## Os Heróis Gêmeos triunfam

No dia seguinte, os gêmeos voltaram ao Xibalbá disfarçados de artistas errantes pobres. Executaram várias danças que impressionaram os deuses, mas isso não bastou. Os deuses exigiram que matassem um cão e lhe devolvessem a vida. Os gêmeos sacrificaram o animal e ressuscitaram-no. Os deuses ordenaram então que matassem um homem e o trouxessem de volta à vida. De novo os gêmeos se saíram a contento.

Os dois principais deuses da morte, Hun Came e Vucub Came, não puderam conter a excitação ante as proezas mágicas dos artistas. Mandaram que os gêmeos os matassem e os fizessem reviver. Os gêmeos mataram apenas um deles, mas deixaram seu corpo tal como

*Os aros de pedra ainda visíveis nas quadras de esportes dos maias eram usados como alvo para a bola, tal como nas quadras de basquetebol de hoje.*

estava e não o ressuscitaram. O deus sobrevivente, percebendo-se ludibriado, implorou misericórdia. Seus protetores abandonaram-no, foram para a beira de um abismo e precipitaram-se no vácuo.

Os Heróis Gêmeos revelaram suas verdadeiras identidades a todos quantos ainda restavam no Xibalbá, que também imploraram misericórdia e, humildemente, mostraram-lhes os despojos de seu pai Hun Hunahpú e de seu tio Vucub Hunahpú, que os gêmeos prontamente ressuscitaram. Os Heróis Gêmeos haviam vencido os deuses da morte e subjugado os males do Xibalbá; este nunca mais dominaria a vida dos seres humanos. Depois de fazer as pazes com os antepassados, Xbalanque e Hunahpú foram conduzidos ao céu, onde se tornaram o Sol e a Lua.

## Os Livros de Chilam Balam

Como vemos pela presença de sua narrativa em inúmeras formas de arte, o Popol Vuh continha as principais ideias da cultura maia sobre a vida, a morte e a esperança de derrotar as forças destruidoras do universo. As outras fontes importantes do mito e profecia dos maias que nos restam são os Livros de Chilam Balam, uma coletânea de textos mitológicos identificados pelas cidades do Yucatán onde foram descobertos: Chumayel, Mani e Tizimin. Originalmente, esses livros foram atribuídos a um lendário profeta-sacerdote chamado Balam e incluem diversas predições, inclusive a chegada dos conquistadores espanhóis à península do Yucatán.

Os Livros de Chilam Balam são geralmente datados dos séculos XVIII e XIX, embora se refiram a mitos, história, medicina, efemérides e predições astrológicas de tempos muito mais remotos. Redigidos no dialeto dos maias yucatec, foram transcritos para o alfabeto latino, mas ainda assim se mostraram de tradução relativamente difícil. As partes traduzidas revelaram muita coisa a respeito do vínculo entre a mitologia maia e o calendário sagrado.

As três narrativas Chilam Balam de Chumayel, Mani e Tizimin contêm referências quase idênticas a um dilúvio e posterior ressurreição do mundo. Pode-se entender isso como o ponto de partida da nova era maia, identificada por um acontecimento em que cinco árvores foram plantadas para sustentar o céu: uma em cada canto da Terra e outra no centro. O livro de Chumayel descreve pormenorizadamente o acontecimento:

*Os Livros de Chilam Balam foram elaborados para proteger e codificar o conhecimento oculto dos maias yucatec. Esta página é de uma edição oitocentista feita em Ixil, no Yucatán.*

*Depois da destruição do mundo, plantaram uma árvore para subjugar o papa-figo amarelo. Depois, plantaram a árvore branca da abundância. Erigiu-se uma coluna no céu, sinal da ruína do mundo; era a árvore branca da abundância no norte. Então, a árvore negra da abundância cresceu no oeste para que o pidzoy de peito preto pousasse nela. Em seguida, a árvore amarela da abundância surgiu no sul como símbolo da destruição do mundo, para que o pidzoy de peito amarelo pousasse nela, como também o papa-figo, o tímido mut. Por fim, a árvore verde da abundância implantou-se no centro do mundo para memória de sua destruição.*

O Mural dos Quatro Sóis, elaborado por volta do ano 800 em Toniná, representa as quatro eras da história humana. No centro de cada painel, o sangue escorre da cabeça decepada de um prisioneiro, formando um anel de plumas que também simboliza o Sol.

No universo dos maias, o espectro das calamidades anteriores estava sempre presente, advertência duradoura de que os deuses tinham a última palavra nos negócios humanos. As conflagrações do passado bem podiam ser o apocalipse do futuro, porquanto os ciclos da vida e os céus seguiam seu destino inevitável.

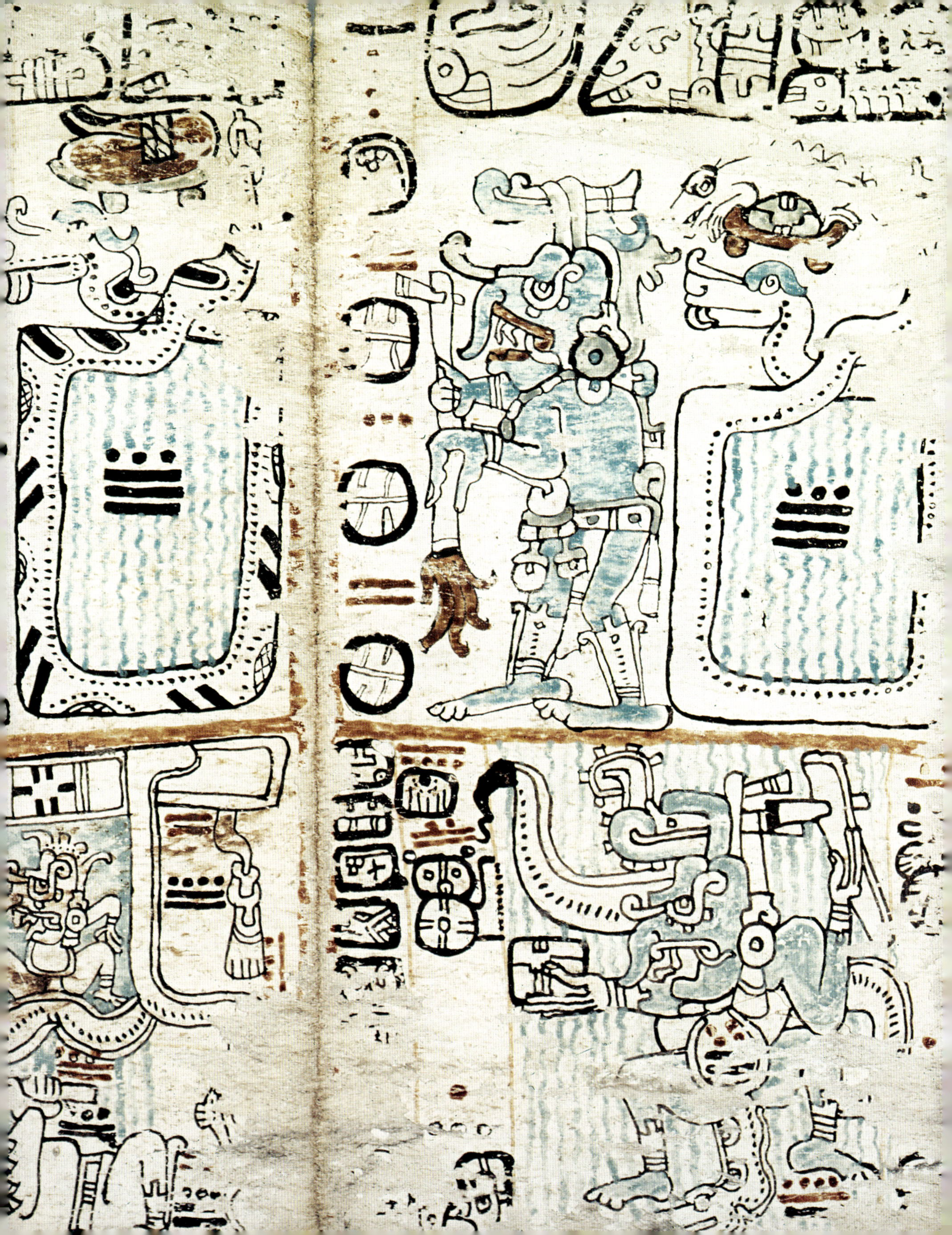

# Capítulo 4
# O CALENDÁRIO MAIA EM DETALHE

O calendário de Longa Duração é, talvez, o maior legado da cultura maia. Embora certos aspectos do seu sistema de datação e numeração sejam anteriores ao período clássico desse povo (250-900 d.C.), foi o gênio e a habilidade com a matemática e a astronomia que levaram o calendário maia ao ponto máximo de sofisticação – um refinamento que, de certo modo, ultrapassa o nosso próprio calendário, elaborado mais de mil anos depois.

Um calendário permite a uma cultura inscrir em sua história episódios importantes como nascimentos e mortes, épocas em que os governantes conquistaram ou perderam o poder e datas de batalhas. Esses acontecimentos constroem a história de um povo e também definem suas relações com os deuses ou forças que controlam sua existência. Para os maias, o tempo era uma manifestação divina, tanto quanto qualquer outro aspecto da natureza criada, desde a Terra até os corpos celestes. Portanto, o registro cronológico constituía um processo sagrado. Os números tinham uma identidade religiosa intimamente vinculada à passagem do tempo. A "tecnologia do tempo" dos maias acabou por apresentar questões difíceis aos estudiosos de suas realizações. Como eles conseguiram desenvolver um sistema tão sofisticado? O que esse sistema nos diz a respeito de sua compreensão avançada do mundo, do sistema solar e do universo? E haverá aspectos das profecias maias que precisemos compreender no momento atual?

# Números

*Nossas informações sobre o calendário e o sistema de numeração dos maias baseiam-se nos trabalhos de pesquisadores do século XIX. Esses estudiosos, profissionais e amadores, empenharam-se em decifrar os poucos textos maias que sobreviveram à sanha dos invasores espanhóis, decididos na época a apagar quaisquer traços de culturas que consideravam demoníacas.*

*Todos os números, no sistema maia, tinham sua própria função sagrada relacionada ao tempo. Nesta página de códice, o importante número 13 aparece inúmeras vezes.*

### Fontes de informação

Com efeito, sem as descobertas surpreendentes e muitas vezes fortuitas de antigos acadêmicos e entusiastas como Alfred Maudsley, lorde Kingsborough e Charles-Étienne Brasseur de Bourbourg, talvez se houvesse perdido tudo o que sabemos e valorizamos a respeito do modo como os maias pensavam e encaravam o tempo. Mesmo o bispo Diego de Landa, que mais tarde escreveu um relato sobre esse povo, foi de início responsável pela destruição de inúmeros textos logo depois da chegada dos conquistadores: "Encontramos grande quantidade de livros e, como continham apenas superstições ou mentiras do diabo, queimamo-los. E eles reagiram às chamas terrivelmente, pois lhes causavam muita dor."

Somente quatro códices maias sobreviveram ao expurgo ocidental – os de Dresden, Paris, Madrid e Grolier. Todos foram gravados em papel de cascas de árvore, branqueado com o tempo. Têm forma sanfonada. Pensa-se em geral que datam do período maia pós-clássico, entre 1200 e 1520, mas são cópias ou adaptações de manuscritos mais antigos. Esses textos, mais os entalhes em estelas de pedra, tornaram-se a fonte de informações que aos poucos foi revelando os segredos do calendário maia.

### O sistema de contagem vigesimal

No tratamento, expressão e manipulação dos números, os maias eram a civilização mais avançada da época. Afora os indianos, que usavam o zero para cálculos astronômicos, eles foram o único povo a empregar regularmente esse algarismo em seus sistemas de calendário e matemática. Atribuíram-lhe a imagem de uma concha, talvez para simbolizar o vazio.

Nós usamos hoje o sistema decimal, baseado no número 10; o dos maias se baseava no número 20 e é conhecido como vigesimal. Conforme veremos, o método de contagem vigesimal é um traço marcante do calendário de Longa Duração, núcleo da compreensão maia do tempo.

Vistos em textos e inscrições em pedra, os números maias são grafados segundo o sistema de contagem vigesimal, que emprega pontos para representar o um ou unidades do um, linhas para representar o cinco e a forma de concha para exprimir o conceito de zero. Assim, após quatro pontos, aparece a linha para indicar o cinco, acrescentando-se mais pontos para representar o seis, o sete, o oito e o nove; então, duas linhas perfazem o 10 e assim por diante. Atingindo-se o 20, este número é expresso pela concha com um ponto em cima, do mesmo modo que o dez, no sistema decimal, utiliza o um para indicar a dezena e o zero para registrar o cômputo das unidades.

## O sistema de posição

Esse conceito, num esquema de contagem matemática, é chamado sistema "de posição". Em outras palavras, poucos símbolos fornecem valores diferentes dependendo de onde se situam na expressão. Um bom exemplo disso é o sistema decimal, que usamos: no número 55, o mesmo símbolo aparece duas vezes em duas posições diferentes – um para indicar cinco (ou cinco unidades) e o outro para indicar 50 (ou cinco dezenas). No sistema dos maias empregado no calendário de Longa Duração, os números aumentam 20 vezes quando movidos de uma posição "inferior" para uma posição "superior".

Na verdade, há uma anomalia importante no sistema maia de contagem dos dias: embora 20 *kin*, ou dias, constituam o mês básico, 18 (e não 20) *uinal* é que formam o *tun* ou ano "contábil" básico de 360 dias. Daí em diante, o sistema volta à ordem vigesimal, com 20 *tun* perfazendo o *katun* de 7.200 dias ou quase 20 anos solares e 20 *katun* formando o *baktun* de 144.000 dias (mais ou menos 394 anos e 4 meses). Treze desses períodos *baktun* correspondem aos 5.125 anos gregorianos e aproximadamente 132 dias do calendário de Longa Duração dos maias, sendo que o mais recente começou a 13 de agosto de 3114 a.C. e terminará no dia 21 de dezembro de 2012.

Quando datas do calendário de Longa Duração aparecem em estelas de pedra, apresentam formas muito especiais. Uma das mais antigas, do período epi-olmeca, pode ser vista na Estela C, em Tres Zapotes, numa versão simplificada do calendário: a contar do glifo introdutório, no alto, os números surgem em seu aspecto comum de linhas e pontos. A partir de cima, a leitura é: 7.16.6.16.18, ou seja, 7 *baktun*, 16 *katun*, 6 *tun*, 16 *uinal* e 18 *kin*. Isso equivale a um total de 1.125.698 dias. Contando-se a partir da data inicial de 13 de agosto de 3114 a.C., esse número situa o calendário de Longa Duração da estela em 1º de setembro de 33 a.C.

Antes de examinar em maior profundidade o calendário de Longa Duração, precisamos entender bem os outros elementos formadores do calendário maia: o Tzolkin de 260 dias e o Haab' de 365 dias.

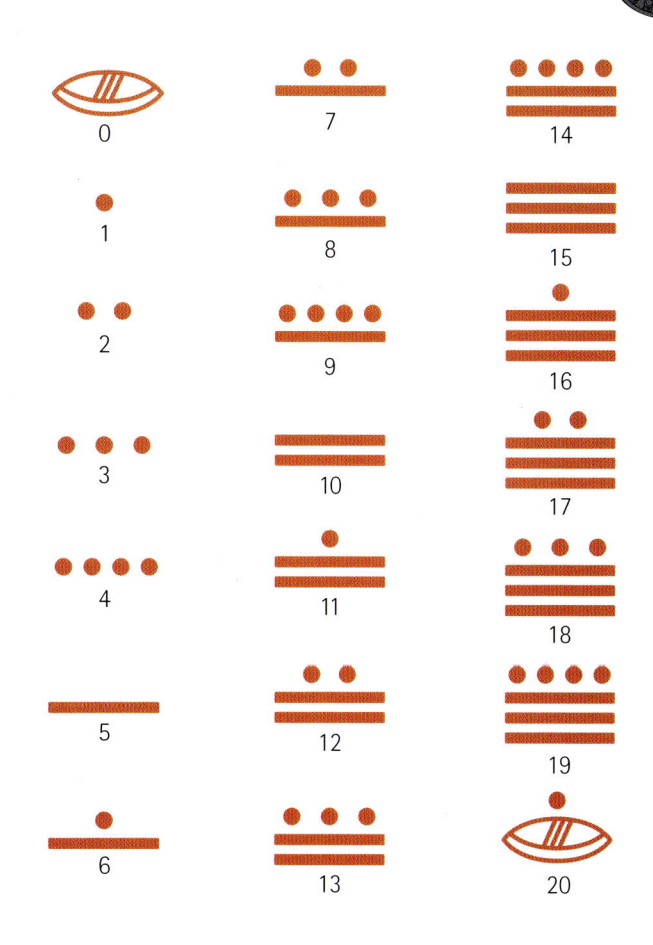

### Os numerais maias

O sistema de numeração maia é vigesimal, isto é, baseado no número 20. Já o nosso usa o 10 como base.

# O calendário Tzolkin de 260 dias

*No centro do sistema de contagem do tempo dos maias está o período de 260 dias conhecido como Tzolkin ou calendário sagrado. É certamente anterior à época clássica desse povo e, segundo alguns especialistas, foi criado pelos olmecas já no ano 3000 a.C., embora as primeiras inscrições – da região zapoteca do Monte Albán, perto de Oaxaca – apontem para uma data entre 700 e 500 a.C.*

*O Códice de Dresden traz informações astronômicas bastante exatas sobre os eclipses lunares e solares, além dos ciclos de Vênus e Marte – tudo isso no sistema de numeração de "linhas e pontos" adotado pelos maias.*

### Os números 13 e 20

O período de 260 dias é o produto de dois números – 13 e 20 –, ambos sagrados na cultura mesoamericana. Como vimos, o 20 é importante porque representa o "número básico" do sistema de contagem maia. Enquanto o mundo moderno adota o sistema decimal, baseado no número 10, os maias e seus predecessores recorriam ao 20, escolhido talvez com referência aos 20 dedos do corpo humano. Mas, na verdade, as origens da escolha não são muito claras (fato interessante, os maias foram a única cultura a desenvolver semelhante sistema).

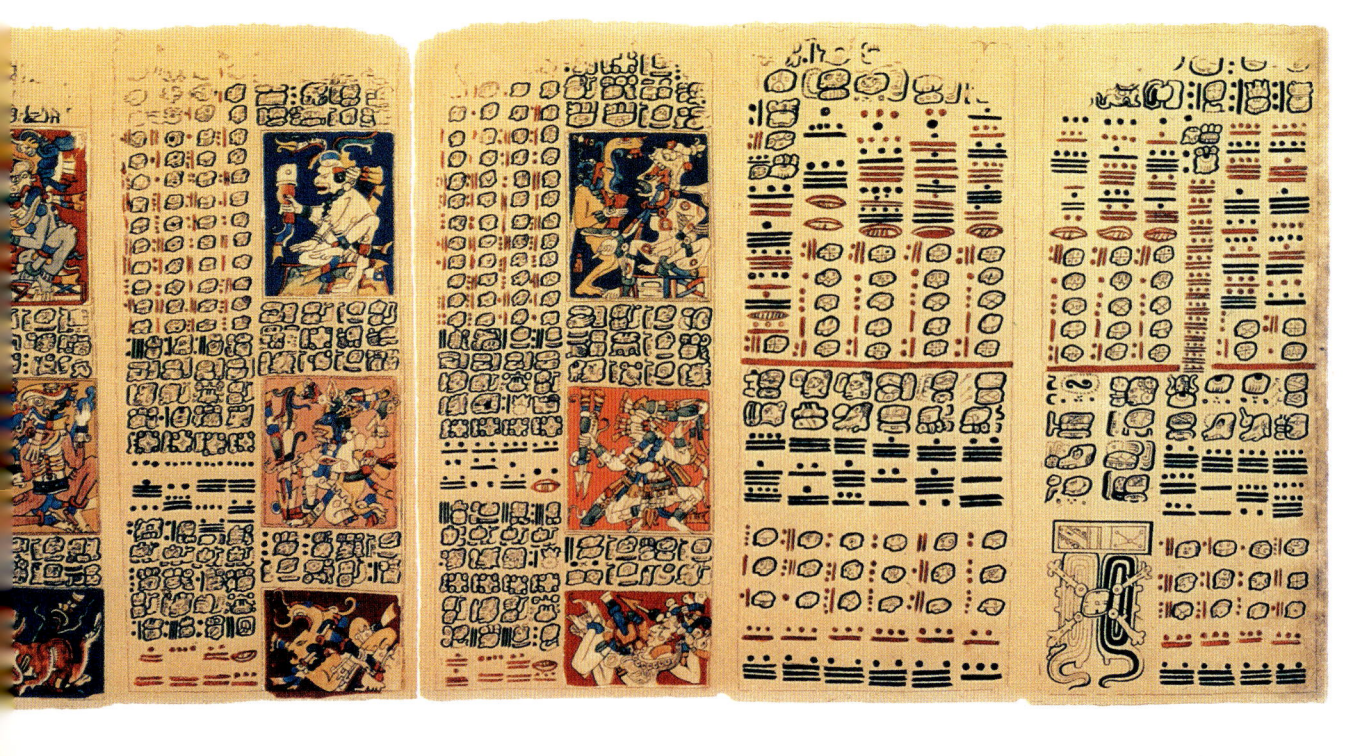

O CALENDÁRIO TZOLKIN DE 260 DIAS

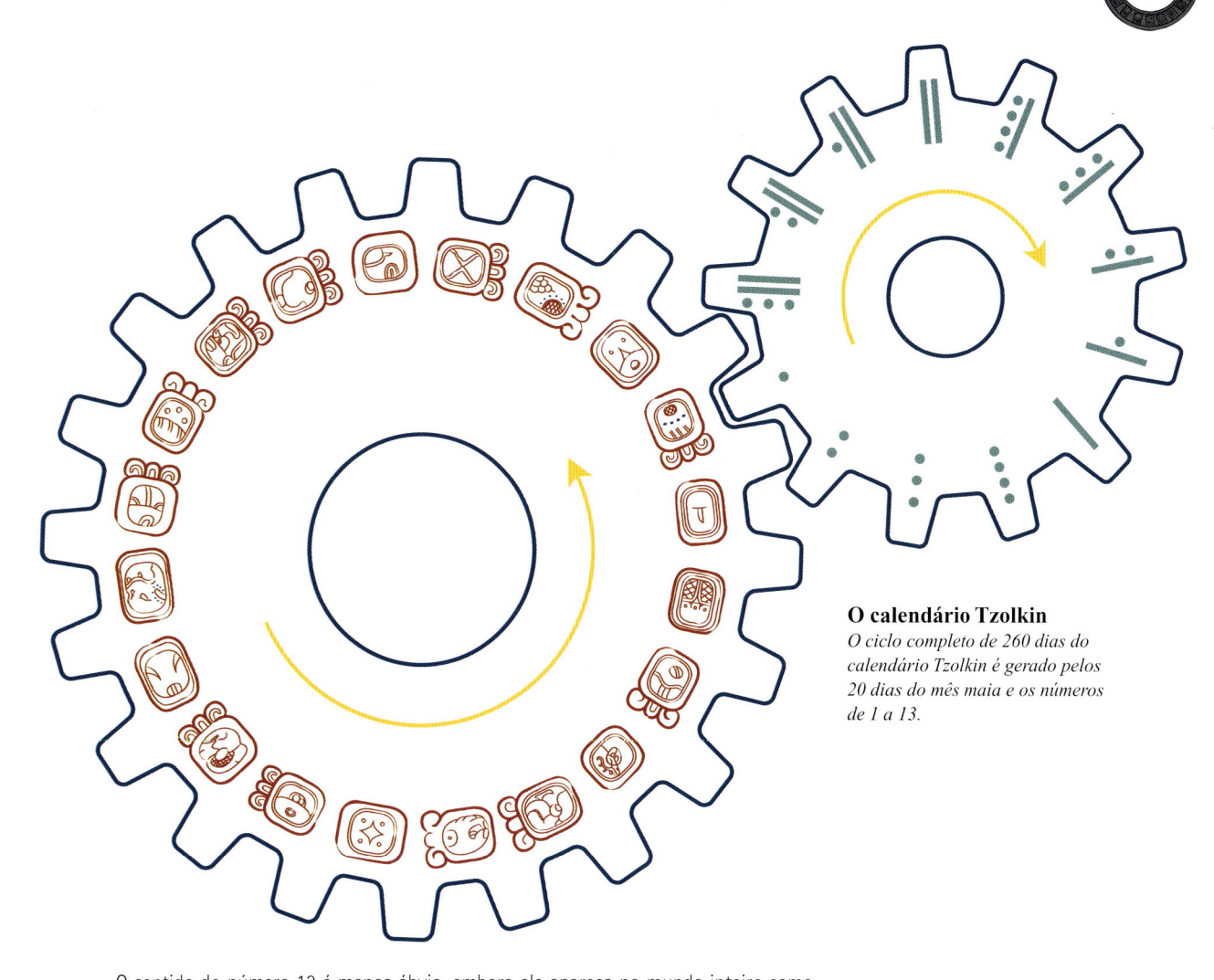

**O calendário Tzolkin**
*O ciclo completo de 260 dias do calendário Tzolkin é gerado pelos 20 dias do mês maia e os números de 1 a 13.*

O sentido do número 13 é menos óbvio, embora ele apareça no mundo inteiro como número importante e sagrado. Tem largo emprego no calendário maia, mas, a despeito de várias teorias conflitantes sobre sua origem, o enorme destaque do 260 como número-chave sagrado talvez justifique a escolha do 13 como múltiplo "implícito" de 20. Conforme muitas pessoas observaram, a opção pelo 260, ou "13 vezes 20", lembra a pergunta sobre quem veio primeiro: o ovo ou a galinha.

Cada um dos 20 elementos no calendário Tzolkin recebeu um nome e um símbolo gráfico, conhecido atualmente como "glifo". Glifos de vários tipos aparecem por todo o calendário maia, referentes inclusive a dias e meses, além de outros significados específicos.

## Os glifos de 20 dias

Os glifos de 20 dias que aparecem nos códices maias são nomeados em sequência: Imix, Ik, Ak'bal, K'an, Chikchan, Kimi, Manik', Lamat, Muluk', Ol, Chuwan, Eb, Ben, Ix, Men, Kib, Kaban, Etz'nab, Kawak e Ahau.

Cada glifo tem um ou mais sentidos específicos, que eram (e ainda são) importantes para o povo maia, formando parte do seu sistema de linguagem (ver quadro abaixo). Essas descrições não são definitivas e o significado dos glifos está aberto à interpretação. De um certo ponto de vista, eles são pequenas mandalas (símbolos do universo) que para os maias eram vivas e encarnavam energias capazes de, uma vez descobertas, assumir existência sólida e instrutiva na alma da pessoa.

### A capacidade profética do Tzolkin

No Tzolkin, glifos e números se combinam de maneira interessante, que de início parece um contrassenso. Em nosso sistema, começamos o ano a 1º de janeiro e, no dia seguinte, mudamos apenas um desses elementos – o número do dia – para 2 de janeiro. No sistema maia, porém, o primeiro dia – 1º Imix – é seguido por 2 Ik, vindo depois 3 Ak'bal, 4 K'an e assim por diante. Ambos os elementos aumentam de 1 em 1 até os números completarem (e reiniciarem) seu ciclo de 13 e os glifos também completam (ou reiniciam) seu ciclo de 20 em 8 Imix. Essa sequência de glifo e número pode ser mais bem entendida como duas rodas engrenadas (ver p. 73), uma com 13 números e a outra com 20 glifos de dias. Ao girar, elas geram 260 diferentes combinações possíveis de número e dia, até um Tzolkin ser completado em 13 Ahau; no dia seguinte, o ciclo de 260 dias recomeça em 1º Imix.

Assim, cada dia no calendário Tzolkin de 260 dias possui uma identidade específica, motivo pelo qual o aniversário de uma pessoa tinha significado e interpretação especiais na cultura maia. Sabe-se também que o Tzolkin de 260 dias estava fortemente associado à previsão. Cada um dos 260 dias era considerado favorável para determinadas atividades e não para outras. Existem ainda, na Guatemala, videntes que fazem predições para as pessoas com base no conhecimento do calendário Tzolkin e nas relações entre o aniversário do consulente e outros fatos que possam estar ocorrendo – bem à maneira dos astrólogos chineses ou ocidentais. Esse aspecto da profecia, previsão ou augúrio é – e sempre foi – um elemento central do calendário maia.

### Significado dos glifos dos dias

- Imix – crocodilo, jacaré ou dragão
- Ik – vento ou ar
- Ak'bal – noite ou casa
- K'an – lagarto, milho ou semente
- Chikchan – serpente
- Kimi – morte ou intermediário
- Manik' – gamo ou mão
- Lamat – coelho ou estrela
- Muluk' – água, chuva ou lua
- Ol – cão
- Chuwan – macaco
- Eb – grama, dente ou humano
- Ben – milho ou caniço
- Ix – jaguar
- Men – águia ou sábio
- Kib – abutre, coruja ou guerreiro
- Kaban – terremoto ou terra
- Etz'nab – faca ou espelho
- Kawak – tempestade ou chuva
- Ahau – senhor, ancestrais e sol

O CALENDÁRIO TZOLKIN DE 260 DIAS  75

| | | | | |
|---|---|---|---|---|
| IMIX | IK | AK'BAL | K'AN | CHIKCHAN |
| KIMI | MANIK' | LAMAT | MULUK' | OL |
| CHUWAN | EB | BEN | IX | MEN |
| KIB | KABAN | ETZ'NAB | KAWAK | AHAU |

## Os glifos dos dias do calendário Tzolkin

Os 20 glifos dos dias ainda são importantes no mundo maia atual e muitas pessoas se identificam com aquele que corresponde ao seu aniversário do mesmo modo como nos identificamos com o símbolo zodiacal do mês do nosso nascimento.

# Por que 260 dias?

*A primeira e mais óbvia pergunta que diz respeito ao calendário Tzolkin é: por que 260 dias? Examinando o motivo de o ciclo completo do Tzolkin incluir 260 dias, podemos descobrir muita coisa sobre os maias e sua compreensão deste mundo e do universo.*

Em seu livro *The Maya* (1971), M. D. Coe assim se refere à origem do Tzolkin: "Como surgiu esse período de tempo é um enigma; mas seu uso é claro. Cada dia tinha seus próprios augúrios e associações, e a marcha inexorável dos 20 dias funcionava à maneira de uma máquina de cartomancia, orientando os destinos dos maias e de todos os povos do México."

## Ciclos de 260 dias

Mas há quem questione as origens do enigmático Tzolkin e aguarde uma resposta mais satisfatória. Talvez uma suposição inicial interessante fosse que o Tzolkin de 260 dias estava ligado aos ciclos naturais que os maias constatavam no mundo à sua volta. Mas que ciclos eram esses? Certamente o ciclo vital do milho, da semeadura à colheita, se aproxima bem dos 260 dias, ainda mais sabendo-se que esse alimento constituía a dieta básica dos maias.

Talvez uma ideia mais interessante e convincente seja o vínculo com a gestação humana, que desde a cessação do fluxo menstrual até o parto é em média de 260 dias. Dado que o Tzolkin se associava estreitamente ao nascimento da pessoa e sua personalidade, esse vínculo – ou identidade – entre concepção e parto (sobretudo para quem gosta de astrologia) é de fato tentador.

## Conexões astronômicas

E quanto às conexões com os ciclos astronômicos que, como sabemos, fascinavam os maias? Para nós, o número 260 pode, à primeira vista, parecer arbitrário. Está certamente bem distanciado do ano solar de 365.242 dias e é, sem dúvida, de uma natureza muito diversa. Conforme veremos, os maias usavam também o calendário Haab' (um "ano indefinido") de 365 dias chamado *tun*. No entanto, o calendário Tzolkin tinha – e continua tendo – um significado maior e bem diferente para os maias.

Sabendo quem eram eles, com seu profundo interesse pela astronomia, convém examinarmos o sentido potencial do número tal qual ocorre nos ciclos celestes. Vênus surge como estrela tanto da manhã quanto da tarde e alguns pesquisadores tentaram ligar seu ciclo ao período de 260 dias. Em seu livro *Skywatchers of Ancient Mexico* (1980), Anthony Aveni explica que as fases da estrela matutina e vespertina de Vênus duram, em média, 263 dias. Todavia, John Major Jenkins, autor de uma obra intitulada *Cosmogenesis 2012*, sustenta que o Códice de Dresden estabelece o ciclo de Vênus (entre a primeira ascensão na manhã e a primeira ascensão na tarde) em 258 dias. O arqueólogo, astrônomo e professor universitário Vincent H. Malstrom aventou, em 1973, a hipótese de que havia um intervalo de 260 dias entre os zênites solares registrados no observatório maia de Copán, situado cerca de 15

*A página 34 do Códice de Madrid associa acontecimentos a observações astronômicas. Vê-se um sacerdote plantando milho durante uma cerimônia anual, enquanto no alto da página, num fundo escuro, aparece o famoso Vigilante do Céu do Yucatán.*

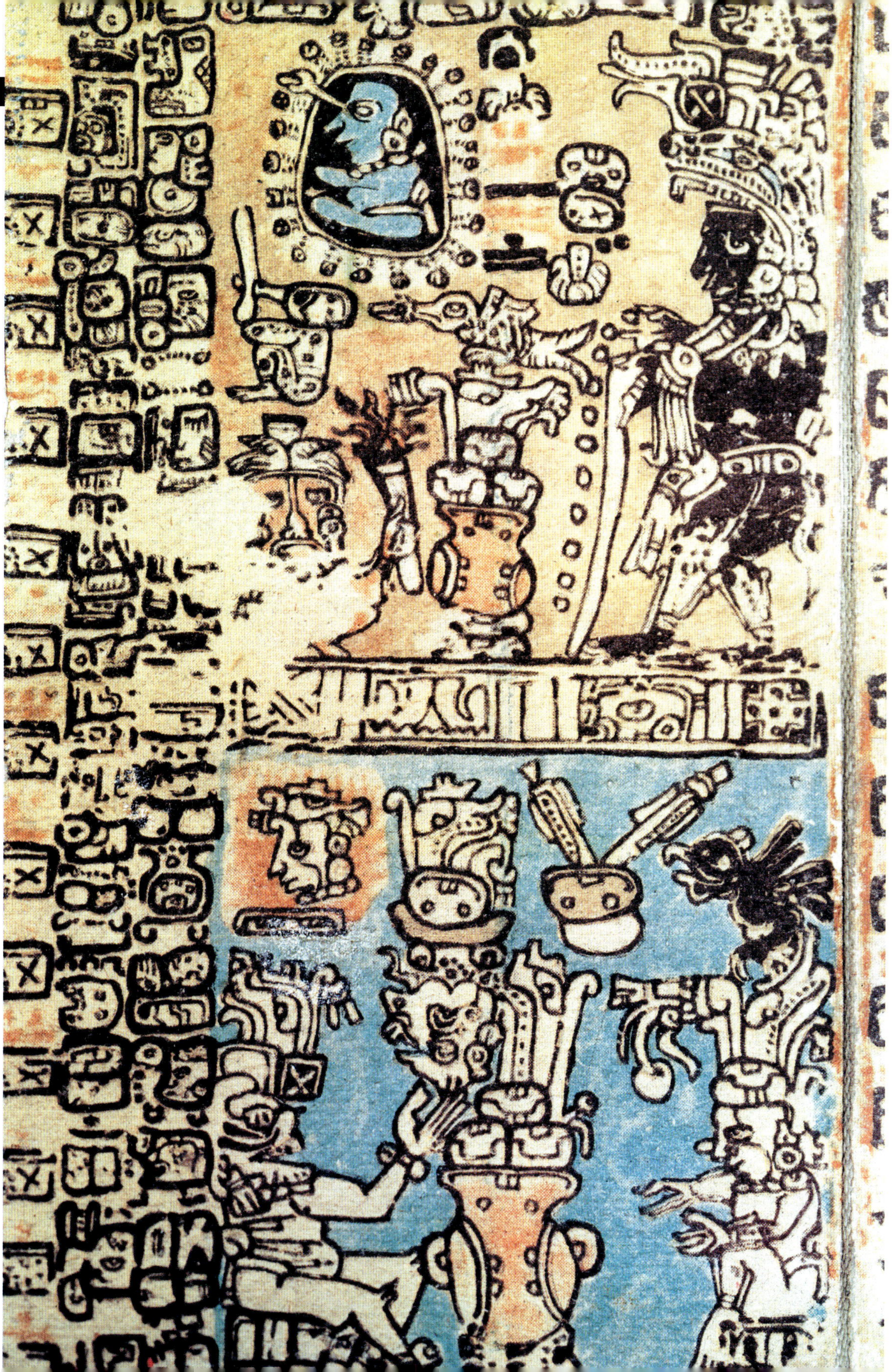

## POR QUE 260 DIAS?

**Segmento do ciclo de 260 dias**

O Tzolkin de 260 dias – sendo cada dia a combinação de um número e um dos 20 glifos que representavam os dias – era o calendário maia "sagrado". Ainda hoje os videntes maias fazem divinações recorrendo a esse calendário.

7 AHAU
6 KAWAK
5 ETZ'NAB
4 KABAN
3 KIB
2 MEN
1 IX
13 BEN
12 EB
11 CHUWAN
10 OL
9 MULUK'
8 LAMAT
7 MANIK'
6 KIMI
5 CHICKCHAN
4 K'AN
3 AK'BAL
2 IK
1 IMIX

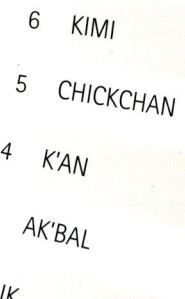

graus ao norte do Equador. Também é verdade que três semestres de eclipse são iguais a 519.93 dias, o que muito se aproxima de dois Tzolkins.

Todas essas teorias são válidas por direito próprio, mas não dão conta, necessariamente, do grande interesse dos maias por um número sagrado. Sabemos que eles se preocupavam sobretudo com cinco ciclos celestes: o solar ou "ano tropical", o anual de Vênus, o mensal da Lua, o anual de Marte e o anual de Júpiter.

## Ciclos de números inteiros

Em seu artigo "The Mayan Calendar – Why 260 Days?", o escritor e pesquisador Robert D. Peden apresentou um argumento convincente mostrando que o ciclo de 260 dias é o único de número inteiro que pode sincronizar com exatidão os cinco outros observados pelos maias, com diferença de menos de um dia em 100 anos (ver quadro). Qualquer sistema tinha de basear-se em números inteiros porque, segundo parece, os maias não conheciam as frações ou números quebrados.

Além de demonstrar que somente o período de 260 dias pode juntar com precisão os múltiplos dos outros ciclos astronômicos, Peden provou que o calendário de Longa Duração (ver p. 84) é de natureza lunar, com diferença de 0,8 dia (mais ou menos 1 hora e 55 minutos) em 100 anos.

Tomados em conjunto, esses fatos indicam claramente que o calendário sagrado Tzolkin se baseia em observações astronômicas e cálculos matemáticos, revelando mais uma vez a sofisticação e as extraordinárias realizações dos maias.

### Sincronização dos calendários

Peten apresentou as seguintes equivalências para demonstrar que o ciclo de 260 dias do calendário Tzolkin é o único de número inteiro capaz de sincronizar com precisão todos os outros ciclos de tempo dos maias:

- 59 ciclos sagrados de 260 dias (15.340 dias) equivalem a 42 anos solares "tropicais", com erro de apenas quatro horas nesse período de 42 anos ou cerca de 9$\frac{1}{2}$ horas em 100 anos; e, vale notar também, 59 é um número importante na cultura maia, pois é o inteiro que mede a extensão de dois meses lunares.
- 405 ciclos de meses lunares (cada qual com 29,5306 dias) equivalem a 46 períodos Tzolkin ou 11.960 dias, com erro de apenas sete horas, aproximadamente, em 100 anos.
- 61 anos de Vênus (em média, de 583.922 dias) equivalem a 137 Tzolkins ou 35.620 dias, com erro de 20 horas em 100 anos.
- Um ano de Marte (em média, 779.936 dias) equivale a 3 Tzolkins (780 dias), com erro de 2,8 dias em 100 anos.
- 88 anos de Júpiter (cada qual com 398.867 dias) equivalem a 135 Tzolkins, com erro de mais ou menos sete horas em 100 anos.

# O calendário solar: o Haab'

*O Haab', ou "ano indefinido" dos maias, tinha duração de 365 dias e era claramente um calendário solar baseado em observações dos equinócios da primavera e outono, com diferença de um dia. O ano indefinido compunha-se de 19 meses: 18 eram "meses" de 20 dias, seguidos por um período de cinco dias "intercalares", incertos ou desfavoráveis, chamado Uayeb.*

## Significados dos 18 glifos dos meses

Diversos significados foram atribuídos a esses glifos. A série de sentidos gerais elaborada pelo maianista Christopher Jones, em 1984, é esta:

- Pop – esteira
- Uo – conjunção negra
- Zip – conjunção vermelha
- Zotz' – morcego
- Tzec – desconhecido
- Xul – cão
- Yaxkin – novo sol
- Mol – água
- Chen – tempestade negra
- Yax – tempestade verde
- Zac – tempestade branca
- Ceh – tempestade vermelha
- Mac – fechado
- Kankin – sol amarelo
- Muan – coruja
- Pax – época da semeadura
- Kayab – tartaruga
- Kumku – celeiro

O período de 20 dias reflete o do Tzolkin, de mesma duração, e é outro exemplo do sistema vigesimal dos maias (ver p. 70). Parece claro que os 18 meses, cada qual com 20 dias, no calendário Haab' (período de 360 dias conhecido também, no de Longa Duração, como *tun*), eram simplesmente o múltiplo de 20 dias mais aproximado do ano solar.

## Os glifos dos dezoito meses

Como ocorre no Tzolkin, os meses de 20 dias do Haab' têm nomes e glifos, como também os cinco dias do período Uayeb. Os meses de 20 dias eram contados de zero a 19 e chamavam-se Pop, Uo, Zip, Zotz', Tzec, Xul, Yaxkin, Mol, Chen, Yax, Zac, Ceh, Mac, Kankin, Muan, Pax, Kayab e Kumku.

O Uayeb – os cinco dias desfavoráveis ao final do Haab' de 365 dias – era, ao que se acreditava, uma época em que as barreiras entre o mundo mortal e o mundo subterrâneo caíam, impossibilitando que divindades malignas provocassem calamidades. Durante esse tempo, muitas pessoas evitavam sair de casa, tomar banho ou pentear os cabelos, com receio de que algo mau lhes acontecesse.

## O Haab' como "ano errante"

A contagem do ano indefinido não era como a do Tzolkin: os dias de cada mês recebiam números em sequência e começavam, não do um, mas do zero, conhecido como o "assento" do mês. Eis, pois, como se desdobravam: assento de Pop, 1 Pop, 2 Pop, 3 Pop... até 4 Uayeb, o último dia do ano de 365 dias.

Com essa duração de 365 dias, o Haab' é absolutamente idêntico ao antigo "ano errante" dos egípcios. Em poucos anos, a inexatidão gerada pelo quarto de dia perdido punha os maias em defasagem com as estações. No entanto, segundo muitos especialistas, os sofisticados maias deveriam dispor de um mecanismo para corrigir essa aberração. Pois, como vimos ao tratar das origens do Tzolkin, a ideia do ano indefinido não implica que eles buscavam apenas uma aproximação em sua contagem ou que não conheciam a duração certa do ano solar. Calendários que registram a passagem do tempo – pelo movimento dos corpos celestes – não devem ser avaliados por sua contagem

| POP | UO | ZIP | ZOTZ' | TZEC |
| XUL | YAXKIN | MOL | CHEN | YAX |
| ZAC | CEH | MAC | KANKIN | MUAN |
| PAX | KAYAB | KUMKU | UAYEB | |

**O calendário Haab'**
Os glifos do calendário Haab' permaneceram praticamente inalterados durante toda a era clássica maia. Alguns parecem incluir informações astronômicas e sazonais, além de apresentar cores talvez relacionadas aos quatro pontos cardeais.

"básica" e sim por sua capacidade de fazer ajustes sistemáticos a fim de colocar o calendário de novo em sincronia com o ciclo que acompanham.

O conceito de ano bissexto é um bom exemplo: de quatro em quatro anos, reajustamos o calendário gregoriano para pô-lo de novo em sincronia com a órbita da Terra em volta do Sol. Isso seria ótimo se o ciclo dessa órbita fosse exatamente de 365.25 dias. Mas ele não se aproxima o bastante do ciclo real de 365,2422, de modo que precisamos fazer o ajuste de mais um dia a cada 100 anos (exceto se o número do ano puder ser dividido por 400, a fim de dar um inteiro), para *não* ter o dia 29 de fevereiro. Em outras palavras, 2000 (divisível por 400) *foi* um ano bissexto normal; mas 2100, 2200 e 2300 não o serão. Nem isso é perfeito e dá na verdade um resultado de 365,2425 (erro de 0,0003 para maior), sendo portanto necessários outros ajustes a intervalos mais longos – de mais de 400 anos – para ficarmos novamente em sincronia com a realidade. Como veremos, esse erro em nosso calendário gregoriano é maior que o aceito no calendário maia.

# Medida de ciclos de tempo

*Ajustes "intercalares" – a inserção ou subtração de dias extras no calendário para torná-lo mais exato – são fundamentais para se entender o calendário maia. É que, na busca de um número significativo para suas vidas, os maias não ficavam simplesmente a olhar para o Sol. Como vimos, eles se interessavam por nada menos que cinco ciclos celestes: o ano solar, o ano de Vênus, o ano de Marte, o mês lunar e o ano de Júpiter.*

*Por muito tempo sepultada sob o templo de Palenque, esta máscara do deus solar ornamentava outrora um muro ao ar livre, onde era venerada pelo povo.*

Analisando a escolha, pelos maias, de 260 dias para o Tzolkin, vários estudiosos acreditam hoje que essa medida do ano solar tropical era mais acurada que nosso calendário gregoriano de aproximadamente 365,2425, que exige o acréscimo de um dia a 97 de cada 400 anos. Na verdade, a extensão real do ano solar tropical – o tempo que a Terra leva para voltar ao mesmo ponto em sua órbita ao redor do Sol – é 365,2422.

### A intercalação maia

Alguns pesquisadores apresentaram a ideia de que os maias empregavam sua própria forma de intercalação baseados em seus próprios números importantes a fim de dar uma resposta mais acurada ao problema. Isso pressupõe que um ano tropical médio tenha 360 dias mais 63/260 de um dia – ou seja, 365,2423 dias. A intercalação exige um total de 25 dias a serem acrescentados a cada Calendário Periódico (104 anos), mais um dia extra a cada dez Calendários Periódicos (520 anos). Caso isso fosse mesmo aplicado, o calendário maia conteria efetivamente apenas um terço do erro contido no sistema de um dia extra no calendário gregoriano – sistema muito mais novo que aquele.

Em termos da correspondência entre o Tzolkin e o ano solar tropical, vale notar ainda que 59 Tzolkins equivalem quase exatamente a 42 anos solares. Com efeito, há um erro de apenas quatro horas e 19 minutos.

Quando se sincroniza o ciclo de 260 dias do Tzolkin com o ano indefinido de 365, iniciamos um novo ciclo que só se completa 52 anos mais tarde. Especificando-se uma data no ciclo Tzolkin e no ano indefinido – digamos, 3 Ben 7 Pop –, é possível localizar um dado dia no período de 52 anos. Portanto, 3 Ben 7 Pop ocorre apenas uma vez em todo o giro de calendário do Haab' de 52 anos e fixa o dia exato em que determinado evento se registrou.

## O Calendário Periódico

A combinação do Tzolkin de 260 dias e do Haab' de 365 originou um ciclo mais longo, de 52 anos Haab', chamado Calendário Periódico.

| Tzolkin | Haab' |
|---|---|
| 7 KABAN | 11 POP |
| 6 KIB | 10 POP |
| 5 MEN | 9 POP |
| 4 IX | 8 POP |
| 3 BEN | 7 POP |
| 2 EB | 6 POP |
| 1 CHUWAN | 5 POP |
| 13 AHAU | 4 POP |

## O Calendário Periódico e a cerimônia do fogo

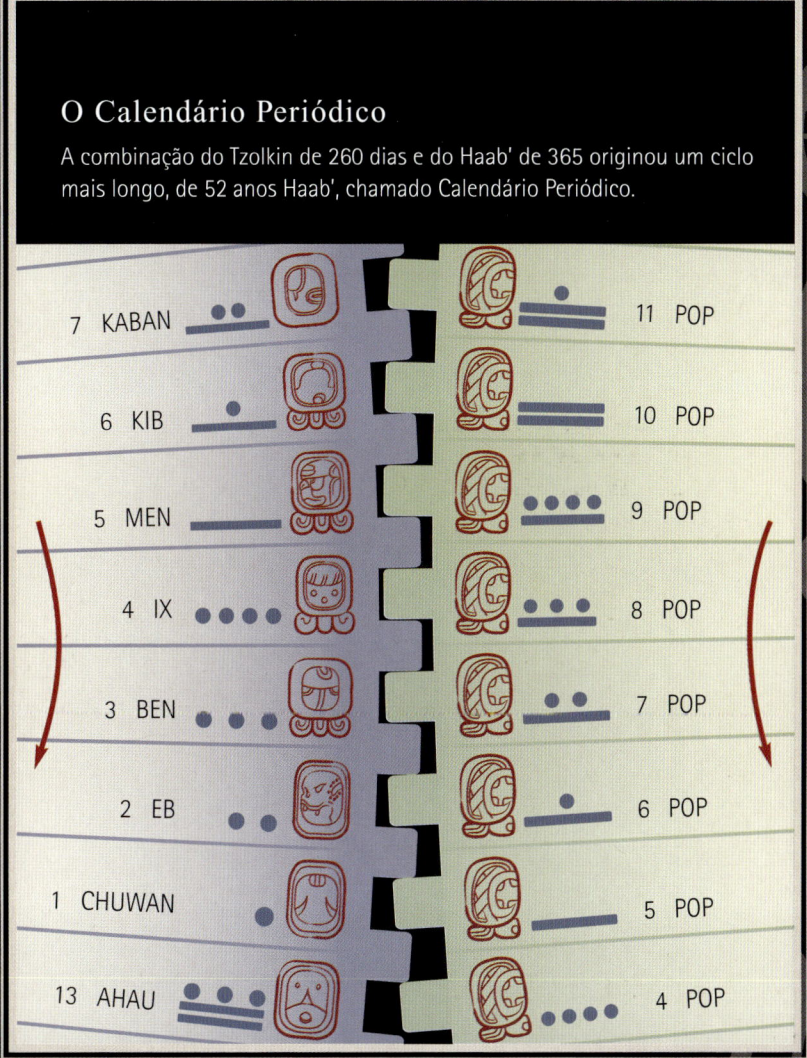

O Calendário Periódico de 52 Haab' era um ciclo importante para os maias e os astecas, que adotaram a mesma contagem básica dos olmecas. Depois desse período, eles constatavam, a partir de observações, que seu calendário solar estava defasado em 12 dias e era nessa altura – evento ao qual a maioria dos mesoamericanos provavelmente só assistia uma vez na vida – que realizavam uma cerimônia do fogo para afastar a possibilidade de o Sol não se erguer novamente. A cerimônia durava 12 dias e era um período intercalar para pôr seu calendário outra vez em sintonia com o verdadeiro calendário solar. Conforme vimos, o emprego desse recurso era na verdade parte do processo pelo qual os maias podiam tornar seu calendário mais exato que o gregoriano.

# O calendário de Longa Duração

*Embora considerado por muitos o feito supremo dos maias, o calendário de Longa Duração talvez seja anterior à sua civilização. Permitia-lhes situar uma data qualquer num período de 1.872.000 dias ou cerca de 5.125 anos solares – que perfaz uma de suas eras. A era atual (iniciada em 3114 a.C.) é, de acordo com eles, a quinta e segue quatro outras de nascimento e morte, com a mesma duração.*

### Eras futuras?

Acreditariam os maias que novas eras virão – a sexta, a sétima, a oitava e assim por diante? Há indícios de que cada era de 5.125 anos faz, na verdade, parte de um ciclo maior, ideia semelhante à das eras astrológicas ocidentais – como a de Aquário, com duração de 2.150 anos –, cada qual correspondente a 1/12 do ciclo precessional maior conhecido como Grande Ano Sideral, que tem 25.800 anos. John Major Jenkins, em seu livro *Maya Cosmogenesis 2012*, sustenta que para os maias a quinta era será a última, a Era do Jaguar.

Essa hipótese, porém, é contestada principalmente pelos dados de um monumento em Coba, a cerca de 96 km de Chichén Itzá. Nele, encontramos um número equivalente a 28.697.869.473.684.210.526.315.784.000 anos maias (de 360 dias) – ou seja, a expectativa de um futuro distante, quase infinito.

### A descoberta do calendário de Longa Duração

Em 1867, um bibliotecário de Danzig chamado Ernst Förstemann passou a trabalhar na Biblioteca de Dresden, onde, por acaso, se achava o mais importante dos textos maias. O Códice de Dresden (ver p. 43), com 75 páginas em linguagem glífica, frustrara por séculos todas as tentativas de decifração e, em 1880, tornou-se verdadeira mania para Förstemann. Ele fez 60 facsímiles do texto original, gravado em cascas de árvore – ato que, visto em retrospectiva, teve profundo efeito em nossa compreensão do calendário maia, pois o original foi seriamente danificado pela umidade quando permaneceu numa adega a fim de escapar aos bombardeios da cidade durante a Segunda Guerra Mundial.

Trabalhando com o Códice de Dresden e um exemplar da *Relación de las Cosas de Yucatán*, de Diego de Landa, Förstemann descobriu os fundamentos do calendário maia. Mostrou que o sistema numérico dos maias era vigesimal (base 20, ver p. 70) e que, portanto, o calendário de Longa Duração adotava esse sistema. Descobriu também as características do Calendário Periódico de 52 anos e a data inicial do de Longa Duração: 4 Ahau 8 Kumku, há milhares de anos.

### Datação de objetos pelo calendário de Longa Duração

O primeiro artefato inequivocamente maia é, segundo muitos, a Estela 29 em Tikal, datado de 8.12.14.8.15 pelo calendário de Longa Duração (292 d.C.).

*O Códice de Dresden foi o principal documento que possibilitou decifrar o calendário de Longa Duração dos maias, abrindo caminho para a compreensão de sua cosmologia. Esta página mostra uma seção de um tonalmatl – outro nome para o período sagrado de 260 dias que está no centro do sistema maia de calendários.*

## Como funciona o calendário de Longa Duração

Graças ao trabalho de Förstemann, conhecemos hoje as várias maneiras pelas quais os maias dividiam o tempo e os nomes que as divisões recebiam:

- Um dia se chamava um *kin*
- 20 *kin* perfaziam um *uinal*, o mês maia
- 18 *uinal* perfaziam um *tun*, o "ano" de 360 dias (a única divergência do sistema numérico de base 20 que ocorre no calendário de Longa Duração)
- 20 *tun* perfaziam um *katun* de 7.200 dias
- 20 *katun* perfaziam um *baktun* de 144.000 dias, 400 anos maias ou pouco mais de 394 anos solares.

Há espaço, no calendário de Longa Duração, para o número de baktun chegar a 20, perfazendo um período de 8.000 anos maias; na prática, porém, o Grande Ciclo desse calendário é de apenas 13 baktun – 1.872.000 dias, 5.200 tun de 360 dias ou 5.125 anos solares e 133.725 dias.

Frequentemente, nas estelas maias, a incisão é encimada por um grande glifo introdutório que anuncia uma data no calendário de Longa Duração. Por baixo, aparecem duas colunas de glifos. Lendo-se da esquerda para a direita e de cima para baixo, os cinco primeiros glifos fornecem a data no calendário de Longa Duração, enquanto outros, a seguir, a fornecem segundo o Tzolkin de 260 dias e o Haab' de 365.

Cada um dos cinco glifos do calendário de Longa Duração incorpora o número, colocado verticalmente no lado esquerdo, e a imagem glífica do deus para indicar o *baktun*, *katun*, *tun*, *uinal* e *kin* (ver quadro). Esses glifos variavam de estilo, complexidade e significado no mundo maia, podendo-se encontrar versões diferentes e variações sutis nas grandes cidades-Estado.

A imagem da Placa de Leyde – uma placa de jade descoberta em 1864 por operários que abriam um canal perto da costa guatemalteca – exibe uma típica data do calendário de Longa Duração. Lê-se de cima para baixo, começando pelo glifo introdutório que adverte para a circunstância de a informação a seguir ser uma data desse calendário. Os cinco glifos que vêm depois, com seus números à esquerda, fornecem estes elementos: 8 *baktun*, 14 *katun*, 3 *tun*, 1 *uinal*, 12 *kin*. Seguem-se duas combinações de números e glifos que situam a data no Tzolkin em 1 Eb e no ano indefinido em 0 (ou assento de) Yaxkin, o sétimo mês. Na terminologia moderna, as três partes do calendário de Longa Duração aparecem assim: 8:14:3:1:12 1 Eb 0 Yaxkin.

Os glifos, como forma variável de escrever e registrar a história, desenvolveram-se no período florescente da cultura maia; e tal é a complexidade das imagens que anos e anos de trabalho incansável foram necessários para se começar a entendê-las. A princípio, os pesquisadores supuseram que elas fossem simples "pictogramas" para expressar ideias graficamente; mas depois concluíram que os glifos são uma forma de fala escrita que inclui símbolos para sons silábicos e conceitos visuais.

*As estelas de pedra, como este monumento em Tikal, eram quase sempre usadas para registrar episódios importantes da história de uma cidade-Estado, com suas datas no calendário de Longa Duração.*

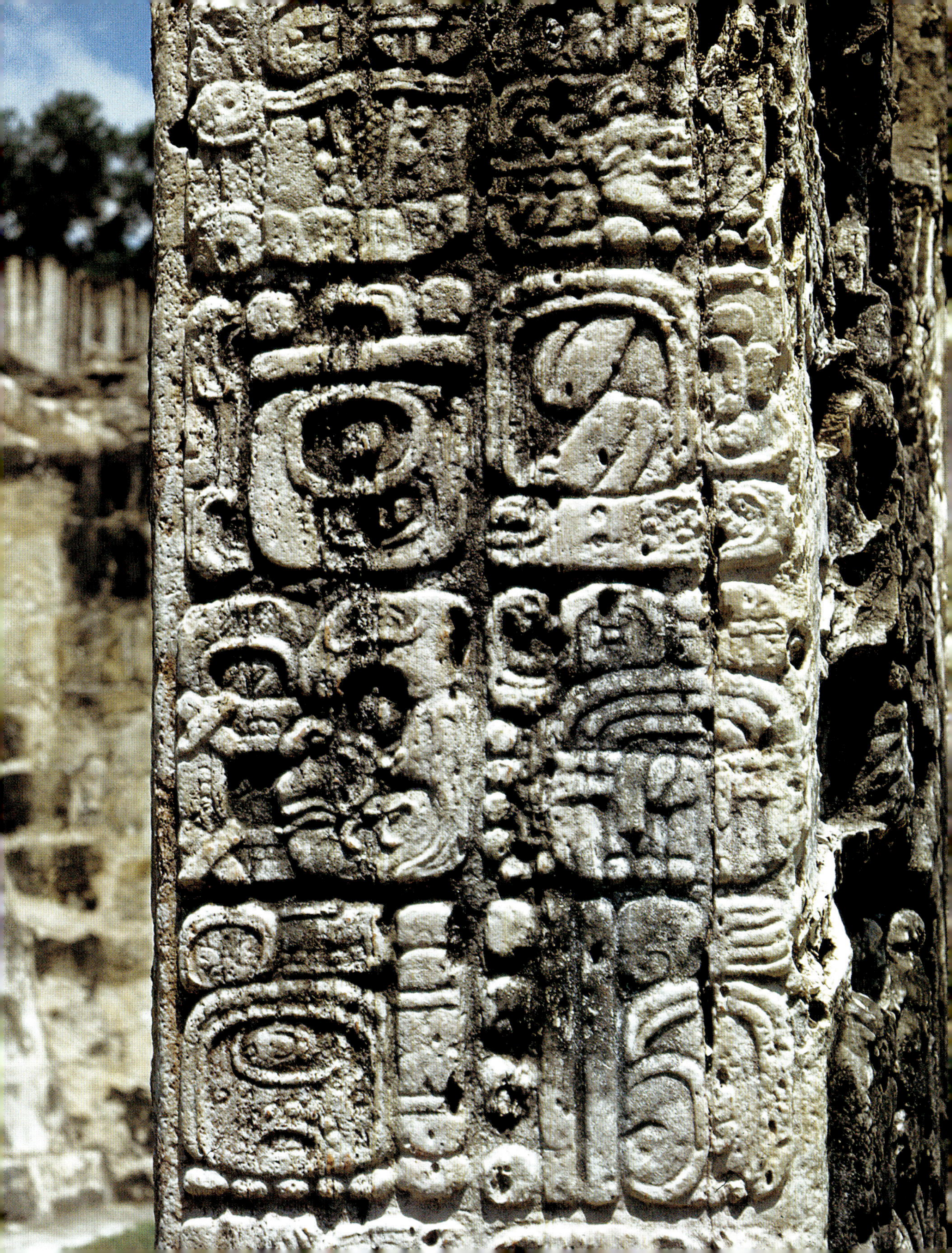

# Por que 13 *baktun* num Grande Ciclo?

*Para os maias, 13 baktun era a extensão de um Grande Ciclo. Afora o mito maior, o Popol Vuh, parece que eles deixaram pouca informação a respeito dos Grandes Ciclos anteriores. Muitos afirmam que já houve quatro Grandes Ciclos no atual Grande Ano de 26.000 anos, tendo cada qual durado 5.200 anos maias ou 5.125 anos solares*

### Os Quatro Sóis do Códice Vaticano-Latino

Os astecas, que viveram na mesma época dos maias e ultrapassaram o período maia clássico, tinham suas próprias ideias a respeito dos Grandes Ciclos. Ambos os povos acreditavam que já houve quatro eras e que estamos hoje no Quinto Grande Ciclo ou Quinto Sol.

No documento asteca conhecido como Códice Vaticano-Latino, são descritos os quatro sóis anteriores. O Primeiro Sol, Matalactli Atl, foi presidido pela deusa da água Chalchiuhtlicue, A Mulher do Manto de Jade. Essa era durou 4.008 anos e as pessoas que nela viveram comiam uma espécie de milho do brejo chamado *atzitzintli*. Então, gigantes percorriam a terra, mas o Primeiro Sol foi destruído pela água no signo Matlactli Atl (10 Água), chamado Apachiohualiztli (dilúvio, inundação, a arte da feitiçaria da chuva interminável). Conta-se que os homens se transformaram em peixes e apenas um casal – Nene e Tata – conseguiu escapar, agarrando-se a uma árvore à beira da corrente. Outra versão narra que sete casais se abrigaram numa caverna até as águas baixarem. Repovoaram o mundo e foram adorados como deuses em seus países.

O Segundo Sol chamou-se Ehecoatl e durou 4.010 anos. As pessoas que então viveram comiam frutas silvestres chamadas *acotzintli*. Esse sol foi destruído pela serpente dos ventos, Ehecoatl, e os humanos se transformaram em símios. Só um homem e uma mulher, que subiram a uma rocha, se salvaram da catástrofe no ano Ce Itzcuintli (1 Cão).

*Chalchiuhtlicue era a esposa de Tlaloc. Presidia às "águas horizontais" como lagos, rios e mares, sendo responsável pela era do Primeiro Sol.*

O Terceiro Sol chamou-se Tleyquiyahuillo e durou 4.081 anos. Nesse período viveram os filhos do casal que escapou à ruína do Segundo Sol. Comiam um fruto de nome *tzincoacoc*. Essa era foi destruída pelo fogo.

O Quarto Sol, Tzontilic, durou 5.026 anos e, ao seu final, os homens morreram de fome depois de um dilúvio de sangue e chamas.

O Códice Vaticano-Latino declara que estamos hoje no Quinto Sol; e foi a possibilidade do fim próximo desse sol que induziu os astecas a uma orgia insana e violenta de sacrifícios humanos – matando 80 mil pessoas num único ritual e mais de 250 mil num ano, ao começo do século XVI.

*Patecoatl, o deus da bebida pulque, e Ocelotl, o jaguar guerreiro, aparecem no Códice Vaticano-Latino asteca do século XV.*

# A Pedra do Sol asteca

*A Pedra do Sol, ou "pedra do calendário" como às vezes a descrevem erroneamente, é talvez o artefato asteca mais importante que sobreviveu. Esse bloco de cerca de 24 toneladas de basalto esculpido, encomendado pela classe sacerdotal asteca, deve datar de 1479, mas só foi "redescoberto" pelos espanhóis em 1790, quando da reconstrução da El Zócalo, a praça central da Cidade do México.*

Sua informação codificada e intricadamente esculpida veio à luz aos poucos, graças ao trabalho de estudiosos da cultura asteca, e hoje nos conta muito sobre a visão do tempo daquele povo, que lembra de perto a registrada no calendário maia. O ponto focal da pedra é, no centro, o rosto de Tonatiuh, o deus do Sol. Sua língua, afirmam alguns estudiosos, representa na verdade uma lâmina de pedra ritual ou faca de obsidiana e, de cada lado da cabeça, veem-se duas garras, cada uma segurando o coração de uma vítima humana de sacrifício. Em volta da face do deus há quatro quadrantes, cada qual representando uma das eras anteriores e o deus que presidiu à sua destruição. Detalhe interessante, conforme se vê na janela abaixo, a história contada pela Pedra do Sol não segue exatamente a versão do Códice Vaticano-Latino (ver p. 88).

### Comparação das eras dos sóis
Detalhes das eras dos quatro sóis, inscritos na Pedra do Sol, variam com relação aos registrados no Códice Vaticano-Latino.

|  | Códice Vaticano-Latino | Pedra do Sol |
|---|---|---|
| 1º Sol | Apachiohualiztli; era encerrada por dilúvio e inundação, humanos transformados em peixes | Ocelotonatiuh; era encerrada por jaguares |
| 2º Sol | Ehecoatl; era encerrada por ventos, humanos transformados em macacos | Ehecoatl; era encerrada por ventos humanos transformados em macacos |
| 3º Sol | Tleyquiyahuillo; era encerrada por fogo | Deus com cabeça rodeada de chuva e chamas celestes; era encerrada por lava e fogo, humanos transformados em aves |
| 4º Sol | Tzontilic; era encerrada por fome após dilúvio de sangue e chamas | Chalchiuhtlicue; era encerrada por dilúvio e enchentes, humanos transformados em peixes |

### Os quatro sóis da Pedra do Sol asteca

De acordo com a maioria das interpretações da Pedra do Sol, o Primeiro Sol é representado por Ocelotonatiuh, o deus-jaguar. Nessa época, viveram os gigantes criados pelos deuses, mas que jaguares atacaram e devoraram. O Segundo Sol é presidido por Ehecoatl, o deus do ar e do vento. Nessa época, toda a raça humana foi destruída por furacões e os homens se transformaram em macacos. O Terceiro Sol é representado por uma divindade com a cabeça rodeada por uma auréola de chuva e fogos celestes. Nessa época, a criação inteira foi destruída por fogo descido do céu e rios de lava; todas as casas ficaram submersas nas chamas e os humanos se transformaram em pássaros para escapar ao cataclismo. O Quarto Sol foi presidido pela deusa da água Chalchiuhtlicue e a destruição sobreveio sob a forma de pesadas chuvas e inundações. Até as montanhas ficaram submersas e os homens se transformaram em peixes.

## O Quinto Sol

Mas que dizer de nossa época, o Quinto Sol? Tonatiuh, no centro, é o deus solar redondo que espera sacrifícios, pois tem sede de sangue e corações humanos. Ele e as outras imagens das eras são mostrados no estilo Ollin, que significa "movimento". Tratar-se-á de etapas de evolução e modificação ou existirá um significado específico indicando que todas essas mudanças estão associadas ao giro da Terra, talvez mesmo a alterações na rotação do seu eixo ou em sua carga magnética?

Para os astecas, Tonatiuh, o Quinto Sol, já era muito velho – daí sua face enrugada – e, segundo alguns estudiosos, começou no quarto milênio antes de Cristo, não havendo porém referência à duração e a uma data final. Tudo o que os astecas sabiam era que deviam tentar adiar o encerramento do Quinto Sol alimentando Tonatiuh com sua dieta aparentemente insaciável de sacrifícios humanos.

Embora os especialistas hajam procurado extrair informações exatas do artefato, a Pedra do Sol asteca não parece datar as eras dos cinco sóis. O estudioso dos maias Karl Taube aventou que a imagem central contém a data Nahui Ollin – a criação do Quinto Sol, que segundo os astecas ocorreu na antiga localidade de Teotihuacán, a apenas 40 km a nordeste da Cidade do México. Por um motivo qualquer, só os maias puderam estabelecer uma data para o fim da quinta era: 21 de dezembro de 2012.

Também é interessante comparar a Pedra do Sol com a tampa do túmulo de Pacal, o Grande em Palenque. Maurice Cotterell, entre outros, pensa que a tampa oferece uma descrição diferente das cinco eras, na qual o Quinto Sol representa a era do jaguar e não a do deus solar Tonatiuh.

*A Pedra do Sol asteca – ainda não totalmente decodificada – contém a história do mundo em cinco sóis. Este pesado artefato é a principal peça em exibição no Museu Antropológico da Cidade do México.*

# Correlação e exatidão do calendário

*Pelo menos no início, o grande obstáculo à correlação de datas do calendário de Longa Duração com os calendários europeus baseados no sistema gregoriano era a falta de datas, nos monumentos maias, referentes a outros episódios históricos conhecidos. Frequentemente os artefatos estavam ocultos na floresta, fora do alcance dos pesquisadores sérios. Alfred Maudsley, o primeiro grande estudioso das inscrições maias, forneceu os dados, mas não conseguiu resolver o problema da correlação.*

### A decifração do calendário

Em 1897, um excêntrico jornalista e empresário americano chamado Joseph T. Goodman publicou seus primeiros achados sobre o calendário maia. Embora não mencionasse o nome de Förstemann, pouca gente acredita que ele desconhecesse as grandes conquistas do estudioso alemão. Entretanto, aos leitores de Goodman, pareceu que ele decifrara o calendário inteiro, propondo para o início do de Longa Duração a data de 4 Ahau 8 Kumku.

Em 1905, o jornal *American Anthropologist* publicou um artigo intitulado simplesmente "Datas Maias", no qual as ideias de Goodman sobre a correlação entre os calendários maia e gregoriano apareceram pela primeira vez. Com base no estudo da *Relación de las Cosas de Yucatán*, do bispo Diego de Landa, dos códices e de outros documentos coloniais, Goodman chegou a um número que, de fato, estava incorreto em somente dois dias. Entretanto, passaram-se anos até que a aproximação de Goodman fosse reconhecida, primeiro por Juan Martinez em 1926 e depois pelo consagrado maianista Eric Thompson em 1950. Essa correlação "GMT-2" estabeleceu o começo do calendário de Longa Duração (0.0.0.0.0) em 11 de agosto de 3114 a.C. e a data final (13.0.0.0.0) em 21 de dezembro de 2012. (A data de 3113 a.C. às vezes aparece: é um erro, pois não existe nenhum ano 0. O calendário "histórico" gregoriano passa diretamente de 1 a.C. a 1 d.C. De fato, as duas formas são frequentemente distinguidas pelo uso do sufixo correto: por exemplo, o 3113 a.C. "astronômico" é a mesma coisa que o 3114 a.C. "histórico".)

Podemos, pois, dizer que no sistema maia 12.19.17.19.19 é o dia anterior a 13.0.0.0.0 4 Ahau 3 Kankin, o início da sexta era da mitologia maia, que deverá começar (dependendo da correlação exata) a 22 de dezembro de 2012, precisamente 1.872.000 dias, ou 5.200 *tun*, após o início do quinto Grande Ciclo.

### A exatidão do calendário

A duração de 260 dias do Tzolkin oferece algumas conclusões bastante aproximadas quando as associamos a observações sobre diversos ciclos celestes como o ano solar tropical, o mês lunar e o ano de Vênus. Todavia, ainda não está claro o que veio primeiro: o calendário Tzolkin de 260 dias ou as observações.

Vários estudiosos acreditam hoje que a precisão nas observações dos ciclos não era o principal objetivo dos maias. O que eles desejavam era, isso sim, descobrir se de fato o

Tzolkin sagrado se adequava aos ciclos que eles percebiam à sua volta.

Foi Ernst Förstemann quem primeiro descobriu que o Códice de Dresden continha tábuas astronômicas detalhadas com base nas quais os sacerdotes maias conseguiam prever eclipses solares e lunares. Essas tábuas encerravam observações colhidas ao longo de extensos períodos de tempo: no caso da tábua de eclipses, 11.960 dias. Na verdade, não é necessário registrar um período de tempo tão longo apenas para estabelecer intervalos entre eclipses, mas os maias deviam ter outros motivos para fazê-lo. O propósito de uma observação tão extensa era determinar quando os ciclos do Tzolkin se interligavam aos ciclos que eles estavam registrando. Por exemplo, 11.960 dias equivalem exatamente a 46 Tzolkin e a 405 meses lunares. De fato, os cálculos mostram que o valor atribuído pelos maias ao mês lunar era apenas sete minutos mais curto e que novos cálculos consignados no códice forneciam a correção para o calendário lunar permanecer exato, com diferença de um dia a cada 4.500 anos.

Förstemann descobriu ainda que cinco páginas do Códice de Dresden continham tábuas de observações sobre o planeta Vênus. Como parte dos dados, a tábua de Vênus nesse códice registra também o ciclo da ascensão "heliacal" – o momento em que o Sol e Vênus nascem ao mesmo tempo – atribuindo-lhe uma média de 584 dias, ao passo que o número real para o ano médio de Vênus é 583.922 dias. Mas, como vimos acima, 61 desses anos de Vênus acuradamente medidos equivalem a 137 Tzolkin, com erro de apenas 16 horas em cerca de 100 anos solares.

Pensa-se que os rigorosos dados do Códice de Dresden foram colhidos nos numerosos observatórios que os maias construíram por todo o seu território, dos quais o mais importante era o notável Caracol em Chichén Itzá (ver p. 104). Percorrendo as páginas da tábua de Vênus, assombra-nos a dedicação com que os sacerdotes-astrônomos acompanhavam as esferas sagradas dia após dia, ano após ano.

*A Estela D do sítio maia clássico de Quirigua, na Guatemala, contém a data de 9.16.15.0.0 (Código de Longa Duração) ou 566 d. C. Em seus 4,5 m de altura, a estela exibe alguns dos glifos mais requintadamente entalhados do mundo maia.*

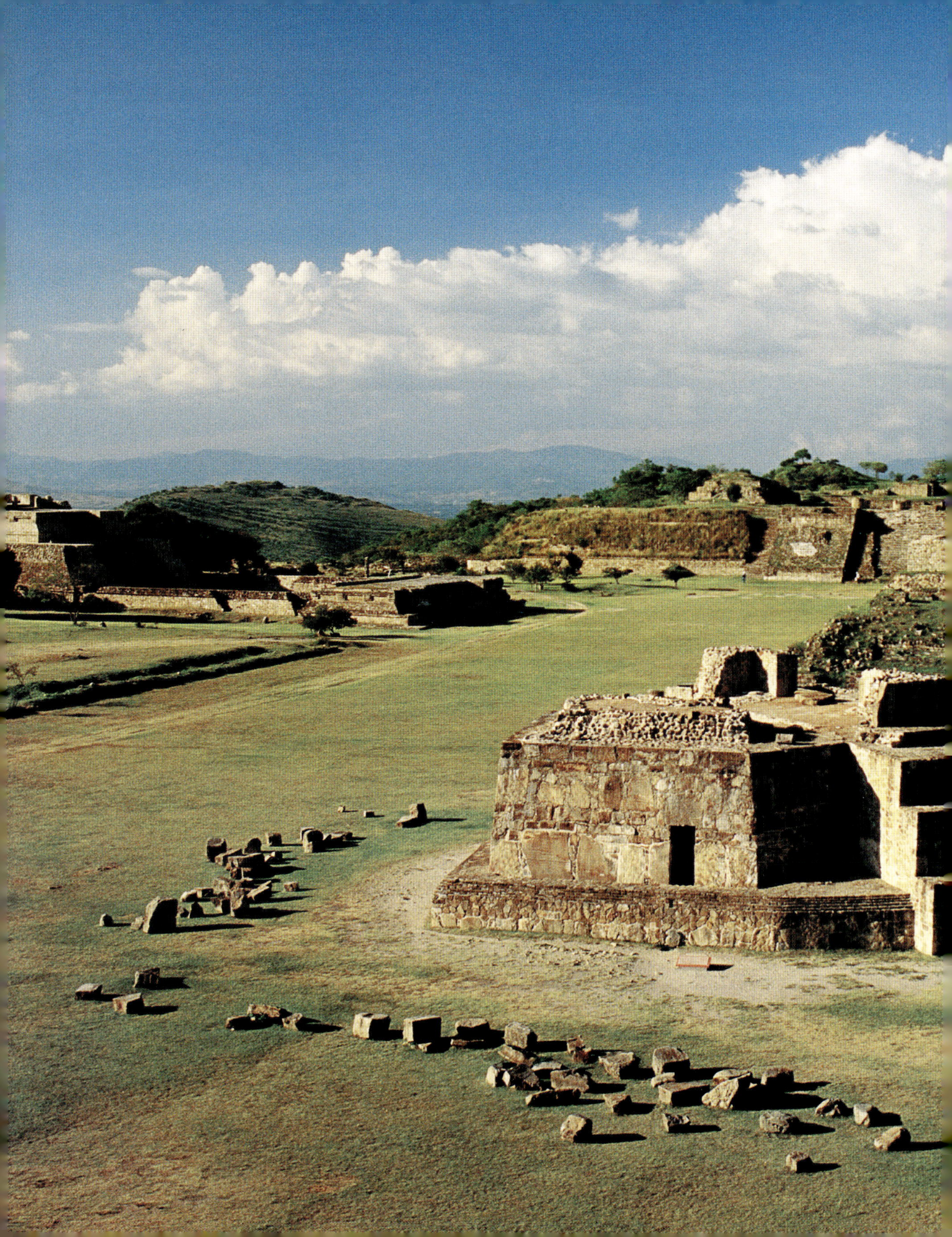

# Capítulo 5
# ASTRONOMIA, DESTINO E PROFECIA

Quando os maias olhavam para o céu, viam deuses. O Sol, a Lua, as estrelas e os planetas eram divindades vivas que influenciavam cada aspecto da existência humana. Por seus movimentos, essas divindades marcavam o tempo no universo. O tempo, consequentemente, lhes pertencia, como lhes pertencia a vida em geral. Os maias sabiam que deviam tudo aos atos dos deuses e, por isso, honravam-nos e respeitavam-nos a cada momento, pois temiam-nos como causadores dos seus infortúnios.

Todo fenômeno no céu provocava outro na Terra. Cada pessoa estava sob a influência não apenas do seu aniversário no Tzolkin de 260 dias, mas também de vários ciclos celestes. Os dias eram favoráveis para certas atividades, desfavoráveis para outras; e essa interpretação constituía o privilégio dos sacerdotes e guardião dos dias. Como astrônomos, eles estudavam igualmente os longos ciclos celestes, buscando pistas que lhes esclarecessem o destino não só do indivíduo, mas também da tribo, da raça humana e da criação em toda a Terra. Mas até que ponto suas profecias eram exatas? Estavam realmente qualificados para predizer acontecimentos ocultos centenas de séculos no futuro da humanidade?

# Profecia

*A profecia ocupou sempre um posto de destaque na cultura maia, na qual a capacidade de conhecer o futuro era muito apreciada pela elite. Aqueles que tinham por ofício compreender e antecipar acontecimentos futuros eram chamados de chilan, o que significava que agiam como intérpretes dos deuses. Por causa do seu conhecimento, gozavam de elevada estima, a ponto de serem carregados aos ombros quando viajavam.*

*Come, come, tens pão;*
*Bebe, bebe, tens água;*
*Naquele dia, o pó cobrirá a Terra,*
*Naquele dia, um brilho ofuscará a face da Terra.*
*Naquele dia, uma nuvem se erguerá,*
*Naquele dia, uma montanha se levantará,*
*Naquele dia, um homem forte subjugará as terras,*
*Naquele dia tudo ruirá,*
*Naquele dia a folha tenra será destruída,*
*Naquele dia os olhos moribundos se fecharão,*
*Naquele dia três sinais brotarão da árvore,*
*Naquele dia três gerações ficarão suspensas dela,*
*Naquele dia se agitará a bandeira da guerra*
*E os homens se entranharão nas florestas.*

— Do Livro de Chilam Balam de Tizimin

*Rituais de divinação são mostrados em diversas formas de arte, inclusive vasos policromáticos como este exemplar de Tikal, na Guatemala.*

## Conversando com os deuses

Os métodos dos maias eram obscuros, esotéricos e misteriosos. Mas no Livro de Chilam Balam, conhecido como Manuscrito de Tizimin, é descrito o processo que o *chilan* usava para se comunicar com os deuses. Primeiro, ia até um recinto especial da casa, onde se prostrava no chão e induzia um estado de transe. Estando ele em condição alterada, o deus ou espírito descia e empoleirava-se na viga mestra, de onde falava ao *chilan*, que agia como porta-voz ou canal da informação recebida dessa fonte divina; os outros *chilan*, reunidos num quarto vizinho e de cabeça baixa, ouviam e registravam a mensagem.

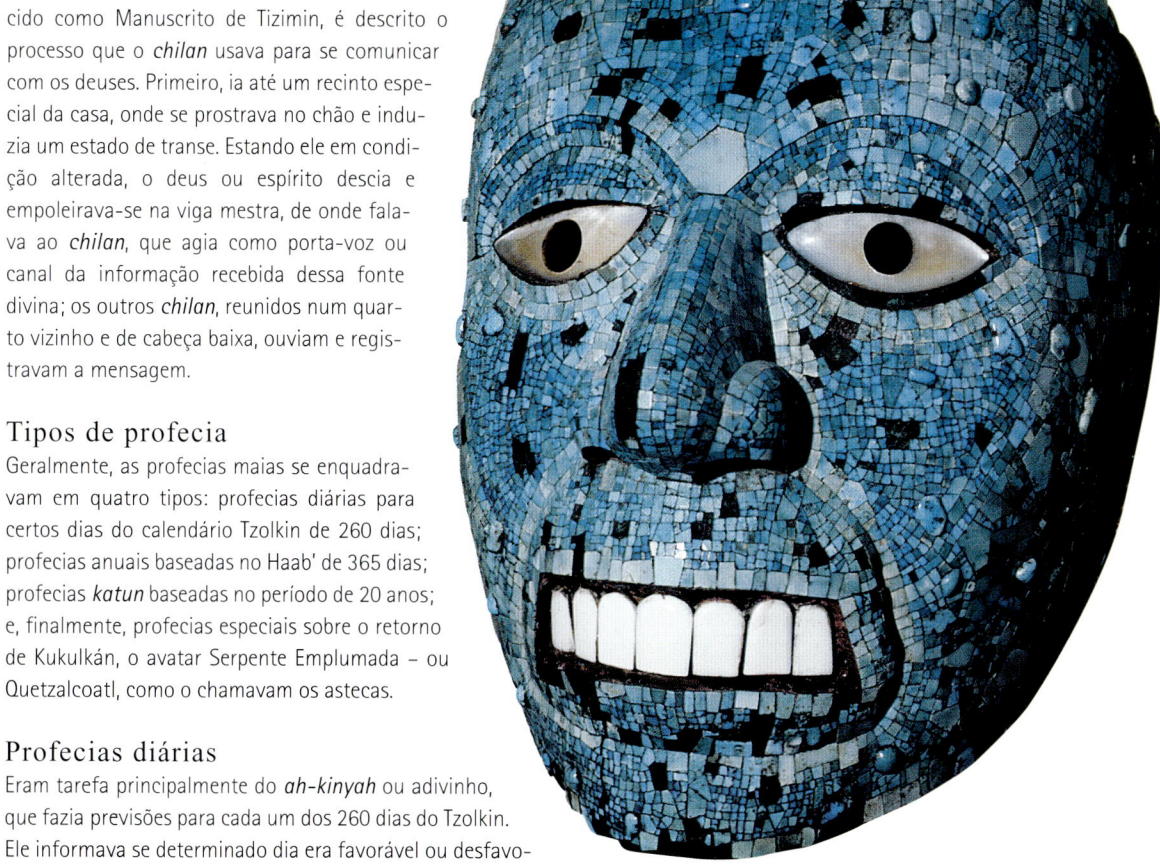

## Tipos de profecia

Geralmente, as profecias maias se enquadravam em quatro tipos: profecias diárias para certos dias do calendário Tzolkin de 260 dias; profecias anuais baseadas no Haab' de 365 dias; profecias *katun* baseadas no período de 20 anos; e, finalmente, profecias especiais sobre o retorno de Kukulkán, o avatar Serpente Emplumada – ou Quetzalcoatl, como o chamavam os astecas.

## Profecias diárias

Eram tarefa principalmente do *ah-kinyah* ou adivinho, que fazia previsões para cada um dos 260 dias do Tzolkin. Ele informava se determinado dia era favorável ou desfavorável para certos tipos de atividade ou empreendimento – por exemplo, se a 1ª Imix convinha ou não semear um tipo de planta ou encetar uma missão comercial. Informações sobre essa forma de divinação encontram-se em todos os Livros de Chilam Balam, menos no de Chumayel.

*Muitas profecias falavam da intervenção, na vida maia, do deus Quetzalcoatl, aqui representado numa máscara de mosaico de primoroso lavor.*

## Profecias anuais

As predições para os anos Haab' eram sem dúvida privilégio do *chilan*. Nos Livros de Chilam Balam, conhecidos como o Livro de Tizimin e o Livro de Mani, há dois conjuntos de profecias paralelas para o período de 20 anos de um *katun* chamado 5 Ahau. Embora não se saiba bem a que anos gregorianos elas se referem, cada ano é influenciado por uma divindade particular e, em geral, consiste num catálogo de infortúnios que cairão sobre o povo. Fome, seca e pragas são previstas, bem como guerras, conflitos entre cidades, tomada de prisioneiros e mortes sob diversas formas. Os livros também especificam cerimônias religiosas que devem ser realizadas para minorar os efeitos dessas catástrofes previstas.

# Profecias *katun*

*Um katun dura 7.200 dias ou pouco menos de 20 anos. Muitas das profecias contidas nos Livros de Chilam Balam são profecias katun. Não têm o pessimismo das profecias anuais e sua natureza é bem diversa. Possuímo-las em alfabeto latino, mas foi amplamente atestado que são uma transliteração exata dos hieróglifos maias originais.*

### O padre Avendaño e as profecias

A autenticidade das profecias **katun** é confirmada num relatório do missionário padre Avendaño, que trabalhou em estreito contato com os maias ao final do século XVII:

> *Disse-lhes que queria saber quais meios usam para computar os dias, meses, anos e idades, e descobrir que idade a atual possa ser (pois, para eles, uma "idade" consiste apenas em 20 anos), bem como que profecia existe para o presente ano e época; tudo isso está registrado em livros de 9 polegadas de altura por cinco dedos de largura, feitos de cascas de árvore e dobrados de lado a lado como painéis, sendo cada página da espessura de uma moeda de 8 reais mexicanos. As páginas são pintadas, em ambas as faces, com inúmeras figuras e personagens que mostram não apenas a contagem dos dias, meses e anos, mas também as eras e profecias transmitidas a eles por seus ídolos e imagens – ou, mais propriamente, pelo diabo em paga da adoração que lhe prestam, ilustrada em algumas pedras.*

### O relato do bispo de Landa

Outro relato, feito em 1556 pelo bispo de Landa, explora o tema do **katun** e o significado das profecias:

> *O povo tem não apenas uma contagem de anos e meses [...] como um método especial para computar o tempo e seus negócios por eras, que entre eles são de 20 anos, multiplicando 13 por 20 [...] Dão a esses períodos o nome de katun. Assim, era possível ao Ancião evocar facilmente eventos ocorridos há nada menos que 300 anos. Quanto a quem inventou essa contagem de katun: se foi o diabo em pessoa, fê-lo para vangloriar-*

*se; se foi um homem, deve ter sido um grande idólatra, pois aos katun acrescentou todos os ludíbrios, augúrios e profecias que eram a própria vida desse povo. Eis a "ciência" a que se apegavam firmemente e que tinham na maior estima.*

## O "registro do *katun*"

Nos Livros de Chilam Balam, há duas séries de profecias *katun*, cada qual cobrindo um período de 13 *katun* que perfaz o *u kahlay katunob* ou "registro do *katun*". Em cada "registro do *katun*", o período *katun* é identificado pela data do seu último dia tal qual aparece no Tzolkin. Isso significa que o registro de um período de 13 *katun* começa pelo *katun* 11 Ahau, o primeiro da série porque tem início no dia 1º Imix – o primeiro dia no calendário sagrado Tzolkin. O registro do *katun* segue então um ciclo definido: 9 Ahau, 7 Ahau, 5 Ahau, 3 Ahau, 1 Ahau, 12 Ahau, 10 Ahau, 8 Ahau, 6 Ahau, 4 Ahau e 2 Ahau, terminando no *katun* 13 Ahau. Esse período de 13 *katun* (93.600 dias ou cerca de 256 anos) é o menor pelo qual tanto o *katun* de 7.200 dias quanto o Tzolkin sagrado de 260 dias podem ser divididos. O "registro do *katun*" às vezes é chamado também de Curta Duração, para distingui-lo do calendário de Longa Duração de 5.125 anos, que terminará em 2012.

É importante compreender que os Livros de Chilam Balam são ao mesmo tempo um registro histórico e uma profecia, pois os maias acreditavam que o mundo se move em ciclos e que as coisas acontecidas acontecerão novamente.

*Esta estela esculpida de Santa Lucia Cotzumalguapa, na Guatemala, é típica do primeiro período clássico. Todo governante ou sacerdote devia possuir um senso superior do que o futuro reservava para o seu povo.*

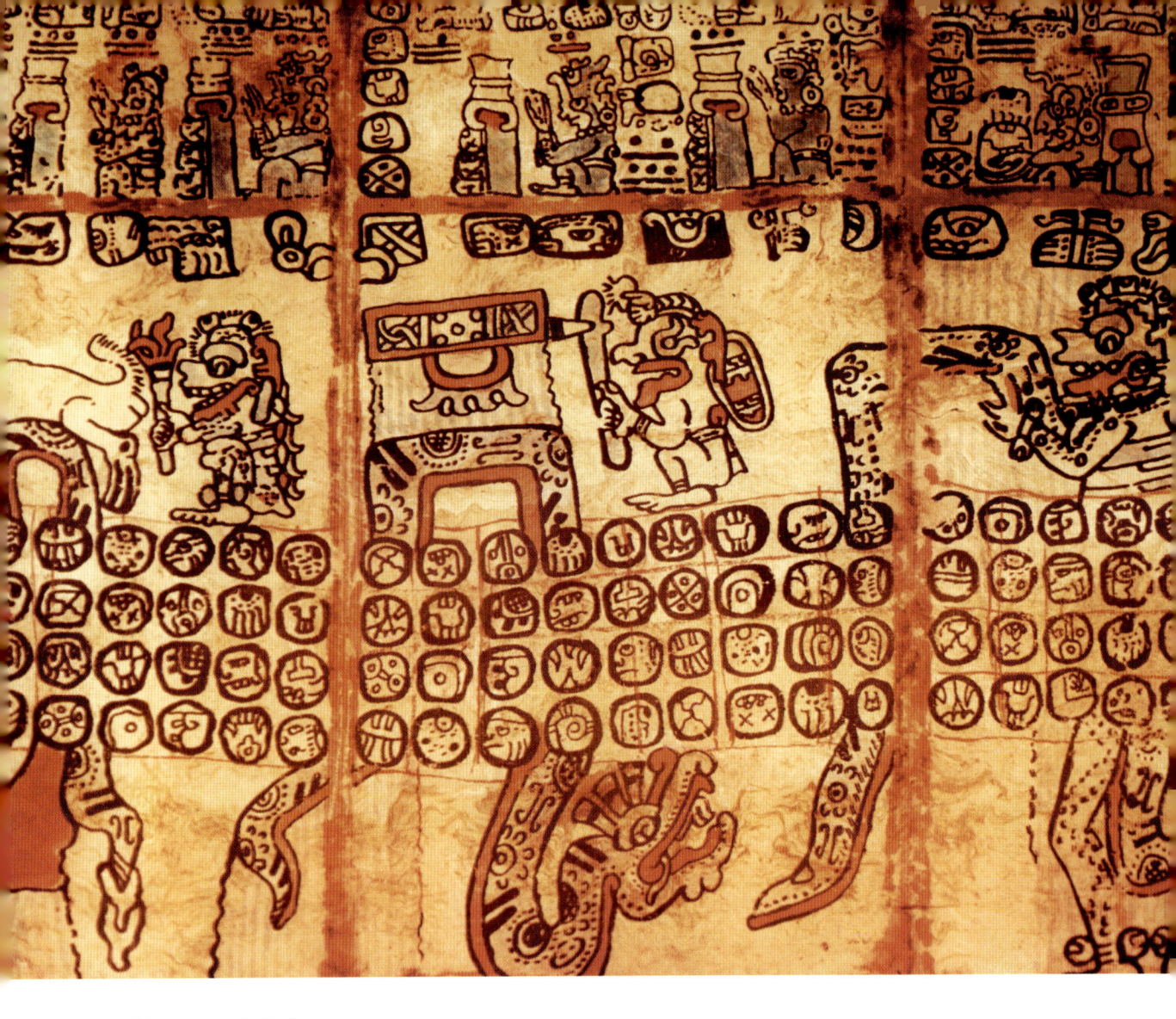

*Códices como o de Madrid eram uma tentativa de estabelecer vínculos causais entre fenômenos celestes e seus efeitos na Terra.*

## A profecia de 11 Ahau

O Livro de Chumayel descreve assim a primeira profecia para o *katun* 11 Ahau:

> *O katun 11 Ahau foi determinado em Ichcaanzihoo [Mérida]. Yax-haal Chac é sua face [o Deus da Chuva Verde, senhor do katun]. O leque celeste e o ramalhete celeste descerão. O tambor e o chocalho de Ah Boloyocte [regente ou sacerdote do katun] ressoarão. Nesse tempo surgirá o peru verde; nesse tempo haverá o "Zulim Chan"; nesse tempo aparecerá o "Chakanputun" [símbolo da época em que o povo foi expulso de suas casas para a floresta]. Encontrarão comida entre as árvores; encontrarão comida entre as pedras aqueles que perderam suas colheitas no katun 11 Ahau.*

## O resumo de Thompson

Interpretando os Livros de Chumayel e Tizimin, sir Eric J. Thompson traduziu num resumo as informações proféticas da primeira série de katun descrita nos Livros de Chilam Balam:

11 Ahau - avareza no *katun*; chuvas escassas ... miséria
 9 Ahau - seca, fome
 7 Ahau - pecados carnais, governantes corruptos
 5 Ahau - face dura, más notícias
 3 Ahau - chuvas sem proveito, gafanhotos, brigas
 1 Ahau - o mau *katun*
12 Ahau - o bom *katun*
10 Ahau - a seca é a característica do *katun*
 8 Ahau - há um limite para a cobiça; há um limite para as vexações ... muita luta
 6 Ahau - impudência é seu nome
 4 Ahau - o Quetzal virá ... Kukulkán virá
 2 Ahau - em metade do *katun*, haverá pão; em metade, haverá água

*Esta estatueta de argila oriunda de Palenque mostra uma pessoa de casta superior. Sua postura de meditação e seu toucado sugerem que se trata de um cultor da profecia.*

## A chegada dos conquistadores

As pesquisas do maianista Ralph L. Roys revelaram que a primeira série de profecias *katun* do Chumayel se referem ao século XIII e que o *katun* 4 Ahau data do período entre 1224 e 1244. A segunda série de profecias relaciona-se a uma época posterior e alguns dos seus elementos preveem a chegada dos conquistadores espanhóis e do cristianismo. O bispo Diego de Landa declara em sua *Relación de las Cosas de Yucatán* (1556):

> *Assim como os mexicanos tinham sinais e profecias sobre a vinda dos espanhóis [...] assim as tinha o povo do Yucatán. Anos antes de serem vencidos pelo almirante Montejo, no distrito de Mani, província de Tutul Xiu, um índio chamado Ah Cambal, que exercia o ofício de chilan [...] anunciou que logo ficariam sob o jugo dos detentores de um novo calendário e seriam governados por uma raça estrangeira que pregaria um Deus e a virtude da madeira Ua hom che, conforme a chamava em sua língua. Significa "árvore ereta, de grande poder contra os demônios".*

A conclusão do bispo não podia ser outra: os maias aguardavam há muito a chegada dos espanhóis cristãos que traziam a Vera Cruz de Cristo.

## Profecias especiais

Chilam Balam era um morador de Mani e viveu durante o reinado de Mochan Xiu. Foi no *katun* 2 Ahau – cerca de 1500 – que ele fez uma incrível profecia: no próximo ciclo de 20 anos, o *katun* 13 Ahau, homens barbados viriam do leste trazendo uma religião nova para o povo maia. O Livro de Chumayel registra essa previsão em detalhe:

> *A profecia de Chilam Balam, Mani, o cantor de Cabal-chen. No dia de 13 Ahau o katun terminará no tempo de Itzá [povo tribal do Yucatán na época de Tancah (Mayapán)], Senhor. O sinal de Hunab-ku [o deus único] foi erguido. A estela ereta de madeira virá. Será mostrada ao mundo para que o mundo se banhe em luz, Senhor. Haverá um começo de luta, haverá um começo de rivalidade quando o sacerdote trouxer o sinal nos tempos por vir, Senhor.*
>
> *Recebe teus convidados, os homens de barba, os homens do leste, aqueles que trazem o sinal de Deus, Senhor. Verdadeiramente boa é a palavra de Deus que vem até nós. O dia da regeneração está próximo [...]*
>
> *A Primeira Árvore do Mundo [símbolo do cosmos associado à cruz cristã pelos maias] será restaurada; será exibida a todos. É o sinal de Hunab-ku no alto. Reverencia-o, Itzá. Agora o reverenciarás nas alturas. E logo o farás de boa vontade [...] Serás convertido à palavra de Hunab-ku, Senhor; ela vem do céu.*
>
> *Crê no que digo, sou Chilam Balam e interpretei toda a mensagem do Deus verdadeiro.*

## Manipulação ou previsão?

Houve controvérsias sobre se as profecias dos Livros de Chilam Balam foram manipuladas pelos missionários espanhóis que transliteraram ou traduziram os textos, pois estariam interessados em mostrar que as profecias aludiam à chegada do cristianismo. Mas como poderiam os missionários lançar mão dos poderes aparentemente sobrenaturais dos adoradores de Satã para validar sua pretensão à supremacia espiritual? Isso, em si, é bastante improvável. Apesar de tudo, alegam alguns que as profecias sobre a chegada dos espanhóis foram "deslocadas" no tempo para se enquadrar na história.

Para quem confia na fonte, parece claro que o próprio Chilam Balam acreditava estar prevendo o retorno de Kukulkán/Quetzalcoatl com seu grupo de sacerdotes de vestes brancas e que esses acontecimentos eram iminentes. O *katun* 13 Ahau deveria começar por volta de 1520 e terminar em 1539. As melhores estimativas da história pessoal de Chilam Balam situam suas principais profecias por volta de 1500, apenas 19 anos antes da chegada de Fernão Cortés ao México.

Há uma profecia ainda mais extraordinária sobre o *katun* 13 Ahau nos Livros de Chilam Balam, escrita aparentemente no século XI pelo *chilan* Ah Xupan Nauat. Esse *chilan* não apenas previu a chegada de homens brancos às terras dos maias como declarou que tal acontecimento ocorreria no oitavo ano do *katun* 13 Ahau, ou 1527. É uma datação impressionantemente exata, pois foi em 1527 que Francisco de Montejo – mais tarde nomeado capitão-geral do Yucatán pelo rei Carlos I da Espanha – desembarcou pela primeira vez na costa leste daquela península de Yucatán.

*Uma página do manuscrito História dos Índios (1579), de Diego Durán, mostra caravelas espanholas chegando à costa do Yucatán.*

# Os vigilantes do céu do Yucatán

*Os maias procuravam entender os ciclos astronômicos para reverenciar os deuses com rituais que aconteciam em épocas apropriadas. Desse modo, assumiam com a divindade compromissos que insistiam em manter escrupulosamente: temiam que, caso não o fizessem, grandes males caíssem sobre eles. Mas como puderam os maias tornar-se astrônomos tão avançados? Que instrumentos usavam?*

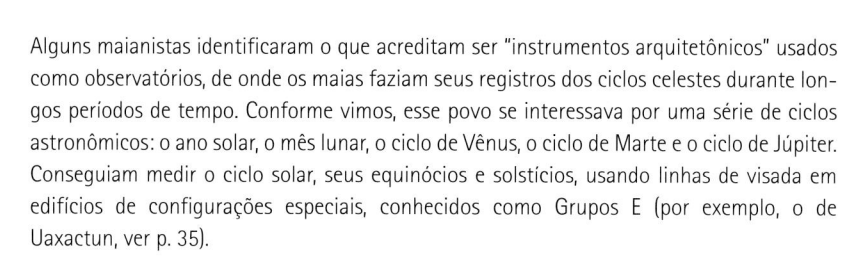

Alguns maianistas identificaram o que acreditam ser "instrumentos arquitetônicos" usados como observatórios, de onde os maias faziam seus registros dos ciclos celestes durante longos períodos de tempo. Conforme vimos, esse povo se interessava por uma série de ciclos astronômicos: o ano solar, o mês lunar, o ciclo de Vênus, o ciclo de Marte e o ciclo de Júpiter. Conseguiam medir o ciclo solar, seus equinócios e solstícios, usando linhas de visada em edifícios de configurações especiais, conhecidos como Grupos E (por exemplo, o de Uaxactun, ver p. 35).

### O Caracol em Chichén Itzá

Para os ciclos mais complexos da Lua, Vênus e Marte, alguns especialistas acreditam que os maias tinham outros tipos de edifícios chamados "observatórios", embora ainda não se saiba muito bem o modo exato como os utilizavam. Uma das construções maias mais curiosas e fascinantes é o Caracol em Chichén Itzá. Mesmo parcialmente arruinado, o edifício parece-se muito com um observatório moderno provido de telescópio gigante. O nome é de origem espanhola e alude à estreita escada em espiral que leva à torre em ruínas no alto, pousada sobre o grande domo cuja forma cilíndrica de outrora está hoje em muito mau estado.

A estrutura geral do Caracol repousa numa plataforma superior e numa inferior, mais larga, de cerca de 52 m x 67 m; juntas, elevam a construção bem acima da mata rasa, mas densa do Yucatán. Do alto do Caracol, os maias tinham uma visão desimpedida dos céus e do horizonte distante. A plataforma na qual ela repousa não é exatamente quadrada, mas disposta de modo a originar vários alinhamentos muito significativos.

O primeiro é um alinhamento diagonal que – à semelhança de Stonehenge no Wiltshire, Inglaterra - coloca os cantos da plataforma, vistos do centro da torre do observatório, em linha com o nascente no solstício de verão, a nordeste, e com o poente no solstício de inverno, a sudoeste.

Outro aspecto curioso do edifício é a orientação da escadaria da entrada principal, construída num ângulo de 27,5 graus norte-oeste. Tal ângulo não existe em nenhum outro alinhamento de Chichén Itzá e parece ter sido reservado ao Caracol. O motivo mais óbvio é que esse ângulo tem importante relação com Vênus, pois representa a posição mais ao norte do planeta em seu ciclo usual, ponto que ele visita apenas uma vez a cada oito anos.

Outro aspecto da escadaria é que ela parece ter sido construída para acompanhar a "passagem pelo zênite" do Sol em direção ao poente. O zênite do Sol ocorre quando ele está a pino – algo que só acontece na faixa da Terra chamada trópicos. Nessa área, o zênite ocorre duas vezes por ano – com o intervalo entre os dois eventos dependendo da latitude do lugar. Em Chichén Itzá, que se acha numa latitude de cerca de 20 graus norte, as duas passagens pelo zênite acontecem, em geral, a 26 de maio e 20 de julho. Nesses dois dias, o astro cruza diretamente acima de Chichén Itzá e nenhum objeto vertical projeta sombra. Tudo é governado pelo Sol, que nessas ocasiões está metafórica e literalmente no auge do seu poder.

*Construída por volta do ano 1000, a torre do Caracol possui aberturas especialmente dispostas para proporcionar linhas de visada que facilitam a observação de inúmeros fenômenos celestes diferentes.*

*Um dos edifícios de planta mais curiosa no mundo maia, o Observatório do Monte Albán é único por não apresentar dois lados ou ângulos iguais. Sua orientação parece relacionar-se a importantes fenômenos estelares.*

## El Castillo, Chichén Itzá

O edifício que domina Chichén Itzá é El Castillo, a grande pirâmide dedicada ao deus-sol, a Serpente Emplumada, Kukulkán. A própria estrutura do edifício dá margem a um truque que revela muita coisa a respeito dos maias, sua cultura e sua compreensão do mundo. Ao pôr do sol, nos equinócios de 21 de março e 21 de setembro, a luz do astro incide sobre a parede da balaustrada, na escadaria norte, projetando uma sombra que desce por toda a pirâmide e estaca na grande cabeça de serpente erguida ao pé do muro. Graças a essa extraordinária interação entre luz e matéria, uma poderosa, quase mágica ilusão renova a vida de Kukulkán, a Serpente Emplumada do mundo maia, o senhor do sol.

## Monte Albán, Oaxaca

Embora não seja propriamente um sítio maia, o Monte Albán, perto de Oaxaca, revela muitas das influências zapotecas que moldaram a cultura maia posterior. Edificado, como geralmente se calcula, entre 100 a.C. e 200 d.C., o Observatório do Monte Albán é também conhecido pelos arqueólogos como Edifício J.. Destaca-se dos outros prédios locais por uma série de razões: primeiro, é orientado cerca de 45 graus leste-norte, ao contrário da maioria das outras estruturas; mais intrigante, porém, é a assimetria bizarra do edifício. À diferença da configuração simétrica de quase todos os monumentos rituais mesoamericanos, o Observatório não apresenta duas paredes com a mesma medida e nenhum ângulo comum a todos os lados.

Painéis de pedra ao longo da parede posterior mostram figuras empunhando réguas e outras referências astronômicas. Parecem ter sido coletados de diferentes lugares, o que sugere a criação do edifício para fins especiais. Arqueólogos-astrônomos, estudando a posição das estrelas ao tempo da construção, veem nesta uma série de alinhamentos muito significativos. Outro prédio local, o Edifício P, contém um poço de escada com um tubo de observação muito parecido ao Tubo Zênite de Xochicalco (ver abaixo).

## O Palácio do Governador, Uxmal

Em Uxmal, cerca de 113 km a oeste de Chichén Itzá, o edifício conhecido como Palácio do Governador ostenta uma "inscrição do trono" hieroglífica acima do vão de entrada central, que suscitou grande interesse da parte de maianistas e arqueólogos-astrônomos. Parte do vão exibe imagens das constelações zodiacais.

## O Tubo Zênite, Xochicalco

Em Xochicalco, no pequeno Estado mexicano de Morelos, os maias construíram, numa caverna artificial, um observatório de traçado próprio para registrar as passagens do Sol pelo zênite. Uma chaminé solar em forma de tubo, com 4 m de altura, liga a caverna à superfície. Com apenas 30 cm de diâmetro, o tubo de pedra é perfeitamente vertical. Isso significa que apenas quando o Sol está a pino – ao meio-dia, durante os dois zênites anuais – a luz do Sol desce pela chaminé até o chão da caverna. Isso não só forneceu aos maias informações sobre o ano solar como lhes proporcionou dados importantes a respeito do ciclo de plantação do seu principal produto agrícola, o milho.

*Na escadaria do Edifício P, no Monte Albán, há um acesso para uma sala iluminada pelo sol duas vezes ao ano, nas épocas de zênite solar. No vale de Oaxaca, isso ocorre a 2 de maio e 10 de agosto.*

# Realizações astronômicas

*Como sabemos, apenas quatro livros de glifos sobreviveram ao expurgo dos invasores espanhóis: os códices de Dresden, Paris, Madrid e Grolier, este descoberto mais recentemente e, para muitos maianistas, um texto duvidoso. Às vezes chamados "manuais dos sacerdotes", os três códices reconhecidos como autênticos contêm todas as informações de que os sacerdotes necessitavam para proferir seus augúrios e profecias.*

*Cascavéis rastejam para cima e para baixo ao longo de várias páginas do Códice de Madrid. Segundo alguns especialistas, essas páginas são uma tentativa de associar fenômenos astronômicos a estações chuvosas.*

Ficou claro, para os modernos epigrafistas empenhados em sua decifração, que, além de codificar dados sobre rituais e efemérides, onde se observa a importância do Tzolkin de 260 dias, os textos apresentam como realização mais notável o registro de informações astronômicas – algo que não aparece em nenhum outro artefato maia sobrevivente. Nunca saberemos quanta coisa mais foi conhecida e gravada nos muitos livros que Diego de Landa viu queimar-se em suas fogueiras destruidoras.

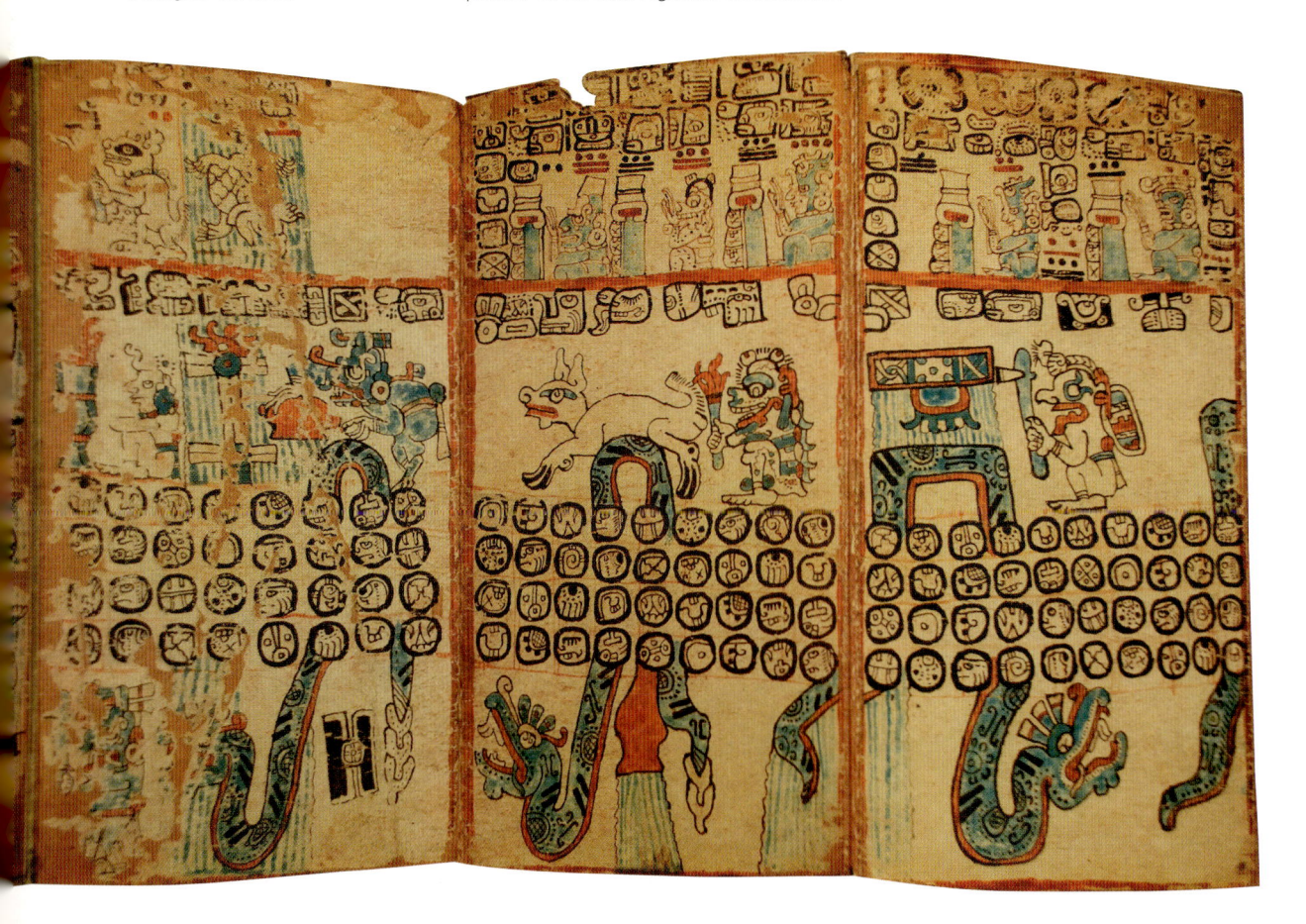

## As tábuas do Códice de Dresden

O mais completo, e sem dúvida o mais acessível até agora dos códices sobreviventes, é o de Dresden, que pelo seu estilo glífico parece ser originário de uma área próxima a Chichén Itzá ou Tulum, no Yucatán. Ele contém ainda uma data do calendário de Longa Duração referente a 755, mas provavelmente é um documento copiado de geração em geração, contendo material que talvez haja sido registrado muitos anos antes. A despeito dos recentes avanços na decifração e compreensão de inscrições de vários sítios maias, o Códice de Dresden continua sendo o melhor guia para avaliarmos as realizações astronômicas desse povo.

Em suma, ele contém três tábuas notáveis, ocupando cada uma muitas páginas. A primeira é uma tábua de previsão de eclipses solares e lunares – já de si um feito incrível de observação e cálculo. A segunda é uma tábua de Vênus que prevê quando o planeta aparecerá como estrela da manhã, época que conhecemos como ascensão heliacal de Vênus. Vêm em seguida duas tábuas separadas de Marte – uma que registra os períodos de movimento retrógrado do planeta e a outra (só há pouco decifrada) que acompanha os movimentos de Marte na eclíptica.

## A tábua de eclipses de Dresden

Embora Ernst Förstemann, estudando o Códice de Dresden, haja reconhecido a tábua de Vênus em 1901, a natureza da tábua lunar como instrumento de previsão de eclipses só foi identificada em 1913 por Martin Meinshausen. Mas seria necessário esperar até 1924 para que o estudioso americano Robert Willson obtivesse a plena compreensão de suas funções. A tábua lunar – assim como as tábuas de Vênus e Marte – revelam à saciedade a obsessão dos maias pela profecia e a sincronização dos fenômenos celestes com seu calendário sagrado Tzolkin de 260 dias. Ela acompanha os movimentos da Lua por 405 meses lunares ou 11.959 dias, segundo a tábua – isto é, um dia a menos que 46 ciclos Tzolkin completos (11.960 dias), implicando que os maias compreendiam bem essa sincronização. Graças às técnicas modernas, sabemos que 405 meses lunares equivalem exatamente a 11.959,89 dias; portanto, o valor maia tem uma diferença de apenas 22 segundos para cada mês lunar, feito impressionante quando não se dispõe de telescópios e outros equipamentos de tecnologia avançada. Foram necessárias observações acuradas para se fazerem os registros correspondentes a 32 anos e 9 meses pelo nosso calendário: literalmente, uma observância religiosa.

Fato interessante, uma inscrição no Templo do Sol em Palenque, datada de 692, parece equacionar 81 meses lunares a 2.392 dias, obtendo-se assim um mês lunar médio de 29.5308 dias – como no códice.

O Livro de Chilam Balam de Chumayel faz a seguinte descrição dramática e antropomórfica de um eclipse solar:

> O Sol é mordido. E é mordido quando a Lua, atraída por ele, se aproxima para mordê-lo. O Sol, grande, segue seu caminho para o norte; e depois que ele e a Lua se tornam um só, mordendo-se um ao outro, chegam ao "tronco do sol". Assim o explico para que o povo maia possa entender o que acontece ao Sol e à Lua.

*Figuras entalhadas nas paredes externas do Observatório do Monte Albán relembram vitórias sobre outras cidades e, segundo alguns, representam símbolos astronômicos.*

*Página oposta: A grande torre de Palenque é às vezes chamada de Observatório. Visto do alto da torre, o Sol poente, no dia 21 de dezembro, parece penetrar no Templo das Inscrições, de onde Pacal teria descido ao mundo subterrâneo.*

## Previsão de tempos "perigosos"

O principal objetivo das tábuas, porém, era identificar as épocas de eclipses "perigosos" e realizar as cerimônias apropriadas para manter a ordem cósmica e prevenir o risco de calamidades enviadas pelos deuses. Como prova da exatidão das tábuas de eclipses, os maianistas Harvey e Victoria Bricker descobriram que todos os 77 eclipses previstos no ciclo de 33 anos ocorreram com diferença de dois dias da previsão. Dos 69 eclipses lunares previstos na tábua, 51 se deram com diferença de um dia em relação à época "perigosa".

## A tábua de Marte do Códice de Dresden

O maianista Robert Willson sugeriu, em 1924, que as páginas 43-4 do Códice de Dresden contêm uma tábua nas quais são acompanhados os movimentos do planeta Marte. As páginas incluem várias informações: na parte central, desdobra-se um almanaque Tzolkin para 780 dias, bem próximo do período "sinódico" de Marte, o ciclo que mede a proximidade desse planeta da Terra. Curiosamente, há também quatro imagens de um animal que ficou conhecido como a "Besta de Marte" – criatura que aparece também no Códice de Madrid. Suspenso de uma "faixa do céu", o bicho de patas fendidas tem sido identificado pelos estudiosos modernos ora como um porco, ora como um gamo; na verdade, não é fácil associá-lo a Marte, mas nenhuma divindade foi jamais associada exclusivamente ao Planeta Vermelho. Ainda assim persistiu a designação da criatura como Besta de Marte.

Por algum tempo, a maioria dos estudiosos duvidou de que a tábua de Marte contivesse dados astronômicos, mas nos anos 1970 e 1980 foram feitas tentativas para equacionar os períodos de 78 dias com o ciclo de 75 dias em que o planeta parece recuar no espaço – seu movimento retrógrado. Nem todos os especialistas acreditam que os maias se permitiriam tamanha inexatidão. Alguns, com efeito, propuseram que os números nas tábuas talvez se refiram aos ciclos de outros planetas, como Júpiter ou Saturno.

Ainda não se sabe ao certo a que se refere o texto do almanaque de Marte. Mas é possível que suas predições sejam uma alusão às catástrofes que ocorrem quando Marte entra no período de movimento retrógrado: os glifos parecem indicar que "a Besta de Marte foi golpeada, ferida, sacrificada".

*À direita: o Templo do Sol em Palenque está voltado para o nascente no solstício de inverno. Inscrições achadas em seu interior ajudaram a demonstrar a incrível exatidão dos cálculos astronômicos dos maias.*

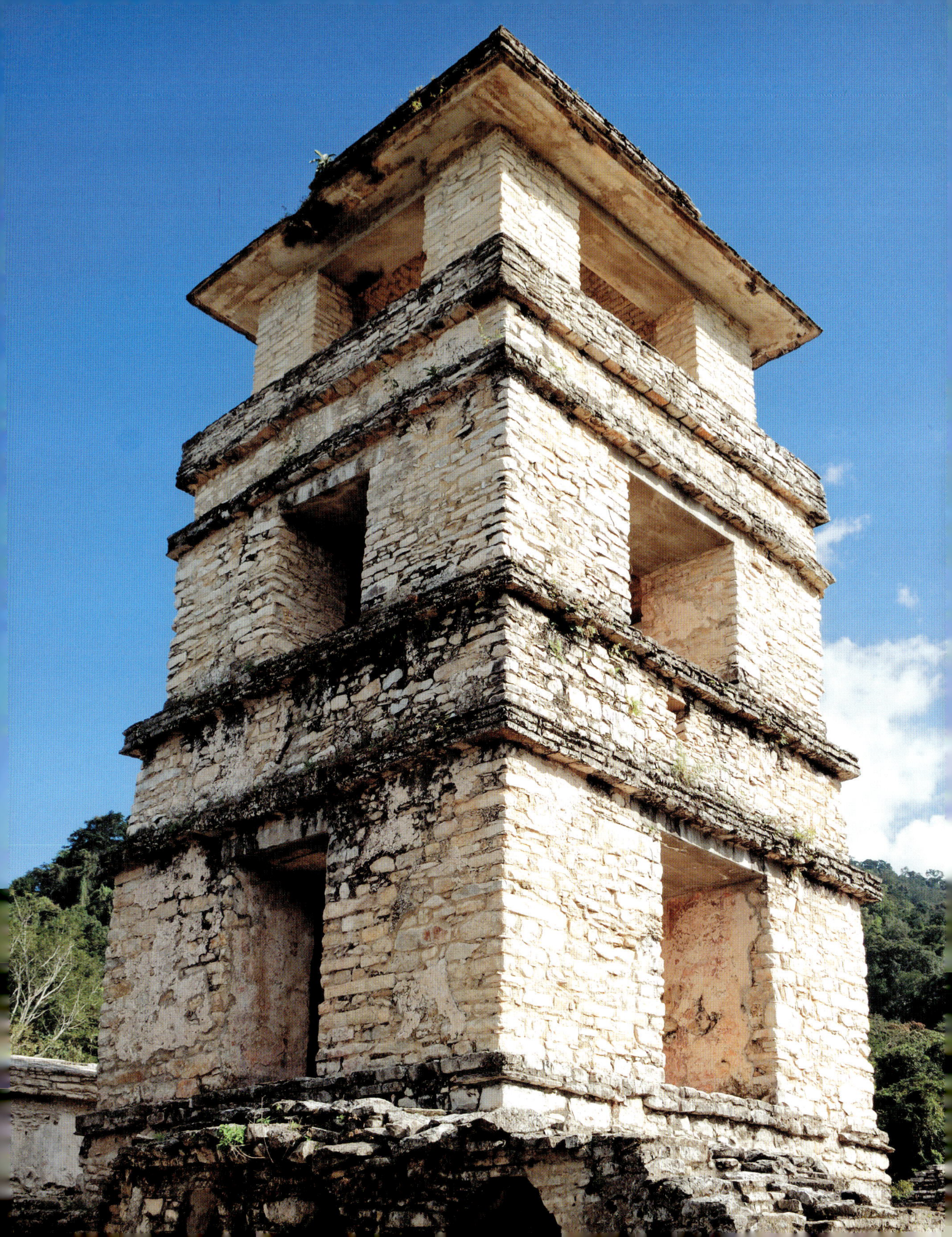

# Vênus no Códice de Dresden

*Seria difícil superestimar a importância de Vênus no mundo dos maias: as páginas referentes ao planeta no Códice de Dresden apenas reforçam essa constatação. Vênus aparecia, aos olhos dos maias, como uma estrela incomparavelmente brilhante – visível até durante o dia –, mas os antigos mesoamericanos podem ter sido mistificados por seu comportamento estranho, que fazia desse planeta um corpo a mover-se independentemente das "estrelas fixas" do céu. Para os maias, Vênus se tornou um dos astros mais importantes do firmamento, com profunda influência em suas ações.*

### Vênus como estrela da manhã e estrela da tarde

A fim de entender por que Vênus era tão importante, é preciso antes descrever os movimentos inusitados desse planeta da perspectiva de um observador terrestre. Em seu ciclo único, Vênus aparece primeiro como estrela matutina: ao romper da manhã começa sua ascensão, de início por curto espaço de tempo, mas depois, a cada dia, subindo mais e mais no céu e com brilho cada vez mais intenso, antes de ser ofuscada pela luz do Sol. Depois de cerca de 131 dias, atinge seu ápice e começa a descer; e decorridos de mais 131 dias, desaparece. Seu papel como estrela da manhã termina depois de 263 dias, quando não mais é vista. Permanece na obscuridade por 50 dias antes de, miraculosamente, renascer como estrela vespertina – fato que induziu antigos observadores a crer que Vênus era, na verdade, dois corpos celestes diferentes.

No céu noturno, Vênus começa a subir cada vez mais, e com brilho cada vez maior, a cada noite durante 131 dias, até começar a descer por um período igual e sumir-se no horizonte. Mas, desta feita, sua ausência é de apenas oito dias, depois do que reaparece como estrela da manhã e reinicia seu ciclo. No total, este se aproxima de 584 dias – duração conhecida como período sinódico ou ciclo de Vênus. O Códice de Dresden não se ocupa das etapas do ciclo de Vênus, apenas do montante total de 584 dias. Isso se deve talvez à dificuldade dos maias em visualizar com precisão suas ascensões, o que, entretanto, não afeta a compreensão geral do ciclo de Vênus.

### O ciclo de Vênus e o ano solar

Ora, o ciclo de Vênus tem uma relação íntima e interessante com a duração do ano solar, o tempo que a Terra leva para orbitar o Sol: 365 dias. A razão entre 365 e 584 equivale quase exatamente à razão 5:8. Em outras palavras, cinco ciclos de Vênus perfazem mais ou menos oito anos. Os vigilantes do céu maias observaram também que Vênus percorre outro ciclo de oito anos, cujos extremos são seu surgimento ao norte no verão e seu surgimento ao sul no inverno.

Tais fatos deviam impressionar bastante os maias, mas ao mesmo tempo confirmavam sua concepção de um cosmos ordenado. Os maias se perguntavam, perplexos, o que aconteceria quando essas observações fossem levadas mais longe no tempo. A ordem persistiria? E até que ponto o Tzolkin sagrado de 260 dias coincidiria com os ciclos da Terra e de Vênus? Quando examinamos as páginas de Vênus no Códice de Dresden, percebemos que os maias investigaram realmente essas questões e obtiveram respostas que confirmam seu senso de um universo numericamente ordenado: a obra de seus deuses.

## A tábua de Vênus

A tábua de Vênus é notável, antes de tudo, por seu espantoso alcance: começa pela ascensão de Vênus na data Tzolkin de 1º (*hun*) Ahau e prossegue por 65 períodos sinódicos de Vênus – ou seja, 37.960 dias ou exatamente 104 anos do calendário Haab' e 146 do calendário Tzolkin, período que para os maias era uma excelente sincronização de vários ciclos. Evidentemente, foi necessário o trabalho de inúmeras gerações para reunir tantos dados de longo prazo – o que era necessário a fim de se chegar a conclusões acuradas sobre o ciclo médio de Vênus, variável entre 581 e 587 dias. Além de fornecer uma data média de número inteiro – 584 dias –, essa informação também facultou aos maias a metodologia para proceder a futuras correções que sincronizassem suas tábuas com o verdadeiro comportamento de Vênus.

Nas folhas de cascas de árvore tratadas a cal do códice sanfonado, as tábuas de Vênus ocupam seis páginas compactas: no lado esquerdo leem-se as datas do nascimento e ocaso de Vênus como estrela matutina e vespertina; no lado direito aparecem os deuses e os augúrios associados a cada ascensão heliacal do planeta, o momento em que Vênus aparece pela primeira vez como estrela da manhã junto com o Sol.

A primeira página dedicada a Vênus fornece a data do calendário de Longa Duração para o usuário consultar a tábua e instrui sobre como fazer correções quando ela for usada em datas futuras, tornando-a segura para os sacerdotes que terão a responsabilidade de observar os rituais e fazer as profecias exigidas pelos governantes. Talvez mais que em qualquer outra época, os maias sacrificavam vítimas no momento exato que se seguia ao ápice da posição diurna de Vênus do outro lado do Sol. Mas eles temiam também sua ascensão heliacal.

*Detalhe do Códice Cospi, um calendário de divinação asteca, mostrando o planeta Vênus (que os astecas chamavam de Tlauixcalpantecuhtli) atacando guerreiros. As figuras à esquerda são símbolos do ano.*

# Vênus: o planeta do destino

*Os maias tinham vários nomes para o planeta Vênus. Um deles era Chak ek ou Grande Estrela, embora, como vimos, o planeta fosse também identificado com Hunahpú, um dos Heróis Gêmeos (ver p. 63).*

*O deus Vênus era importante para os maias, que às vezes o associavam a Quetzalcoatl ou Kukulkán. Esta representação foi descoberta em Copán, Honduras.*

Um relatório escrito por missionários espanhóis do México central, conhecido como Manuscrito de Serna, conta-nos que para os povos nativos Vênus merecia "mais veneração e sacrifícios" que qualquer outra divindade, exceto o Sol. E prossegue: "O motivo pelo qual essa estrela era considerada tão importante por senhores e súditos, e pelo qual eles computavam seus dias tomando-a por base, reverenciando-a e oferecendo-lhe sacrifícios, era que, segundo esse povo crédulo, um de seus deuses principais, chamado Topilzin ou Quetzalcoatl, morreu e deixou este mundo para transformar-se nessa estrela resplandecente."

## Vênus e o Sol

O equivalente maia de Quetzalcoatl – Kukulkán – aparece nas páginas do Códice Dresden. Desde o começo da evolução maia, antes do período clássico, Vênus e sua relação com o Sol constituíam símbolos importantes de autoridade e poder. Segundo o mito maia da criação, o Popol Vuh, os Heróis Gêmeos Hunahpú e Xbalanque, que tornaram possível o mundo atual, identificavam-se com Vênus e o Sol. E nas páginas de Vênus do Códice de Dresden, o monstro maia bicéfalo tem uma das cabeças marcada com símbolos de Vênus e a outra com símbolos do Sol.

### A estrela da guerra

À medida que mais e mais inscrições dos sítios maias foram sendo aos poucos decifradas, ficou claro que muitas guerras entre as cidades-Estado eram marcadas para coincidir com a ascensão de Vênus. Em Bonampak (ver p. 58), murais extraordinários registram uma importante vitória na data, pelo calendário de Longa Duração, de 9.18.1.15.15 (16 de agosto de 792), próxima um ou dois dias da ascensão heliacal de Vênus. O glifo que expressa a ideia de guerra com maior clareza incorpora o sinal correspondente a Vênus. Mesmo no Códice de Dresden, as páginas dedicadas a esse planeta mostram-no empunhando lanças para ferir suas vítimas.

Há uma lógica simples no vínculo entre os dois corpos celestes, pois, embora o Sol apareça bem maior no céu, os maias sabiam que os movimentos de ambos através do espaço tinham uma relação próxima e importante. Também devem ter observado os trânsitos de Vênus quando, por algumas horas e apenas duas vezes a cada 120 anos, o pequeno planeta desliza pela face do Sol como um barquinho cruzando um lago.

Essa atividade astronômica pouco usual parece ter deixado os maias cautelosos com relação ao planeta Vênus e seu ciclo. Sabe-se, por documentos posteriores à conquista, que durante a ascensão heliacal de Vênus o povo nativo "preparava uma festa, apresentava-se para a guerra e oferecia sacrifícios". Outro documento expressa os medos dos maias: "Assim, quando Vênus está no céu, eles sabem que derramará sua luz sobre certas pessoas, as nascidas em dias assinalados por determinados signos, desafogando sua cólera contra elas e ferindo-as com dardos."

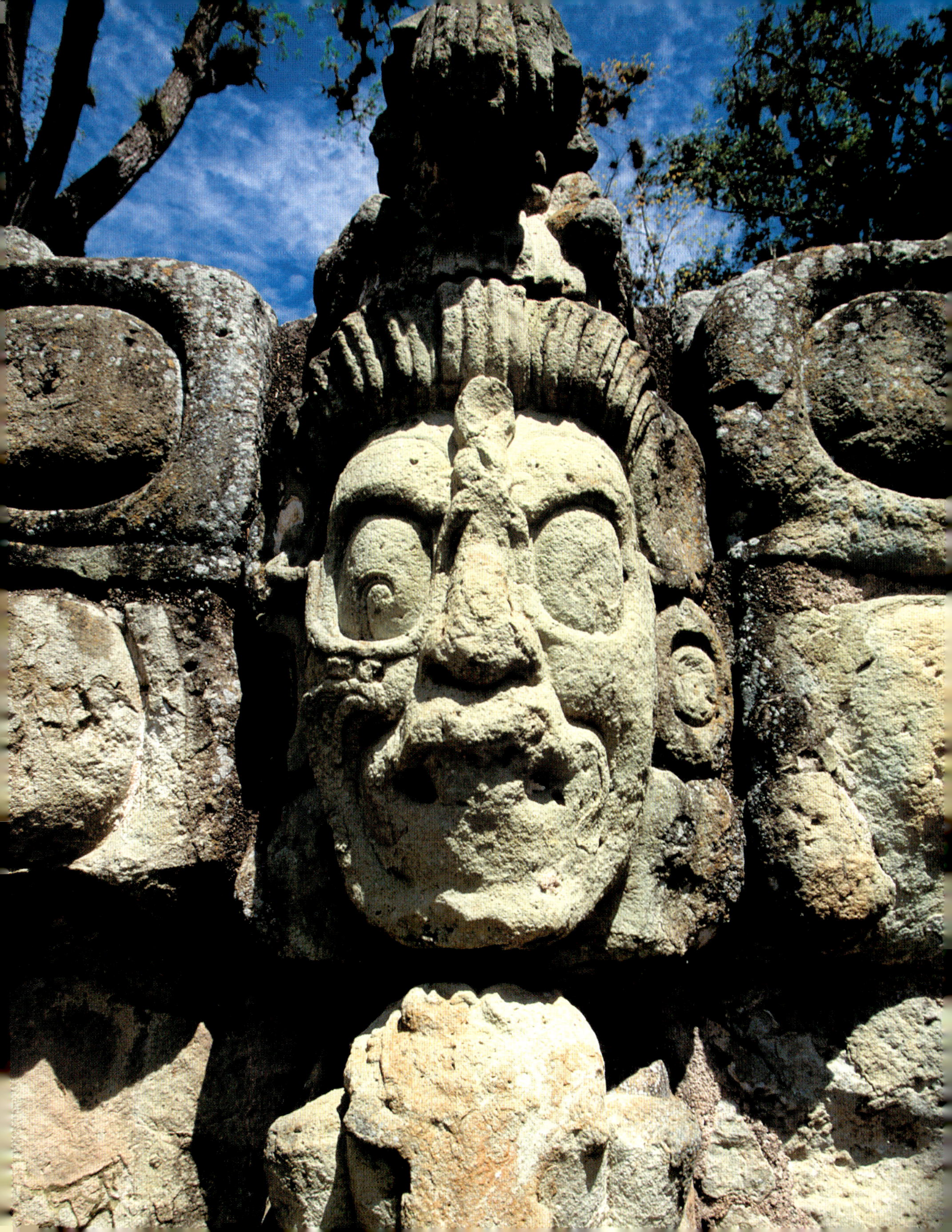

*Segundo Immanuel Velikovsky, o mito grego no qual Atena (Vênus, na versão romana) nasce da cabeça de Zeus (Júpiter) corresponde a um fenômeno celeste real: um pedaço do planeta Júpiter se destacou para tornar-se o planeta Vênus.*

## O "nascimento de Vênus"

Quando novas decifrações forem feitas, é provável que confirmem e aprofundem nossa compreensão da influência de Vênus sobre os maias. Em anos recentes, o pesquisador e escritor inglês Maurice Cotterell suscitou controvérsias com suas teorias a respeito do significado dos vários aspectos do calendário maia. A seu ver, o "Grande Número maia" de 1.366.560 dias encontrado na tábua de Vênus é crucial para entendermos os ciclos desse planeta e do Sol.

Para Cotterell, ele se aproxima bastante do seu próprio "supernúmero", 1.366.040 (diferença de apenas 520 dias ou dois *tun* exatos), que mede um extenso ciclo de atividade solar. Acredita ele que essa variação de atividade provocou sérias flutuações na fertilidade humana, levando ao colapso de culturas florescentes como a dos maias. Embora nem todos aceitem sua teoria, Cotterell sustenta que o ciclo solar está intimamente ligado ao episódio conhecido pelos maias como o "nascimento de Vênus", que marcou o início da presente era. Para ele, o "nascimento de Vênus" foi na verdade um fenômeno causado pela excessiva atividade do Sol em cerca de 3113 a.C., que fez o eixo de Vênus se inclinar e forçou o planeta a orbitar na direção "contrária".

## As teorias de Velikovsky

Sem dúvida, Vênus é o único planeta do sistema solar que percorre o "caminho errado". Cotterell cita a obra do escritor e astrônomo russo Immanuel Velikovsky, sem necessariamente concordar com ele. Em seu livro de 1950 *Mundos em Colisão*, Velikovsky sustenta que o planeta Vênus "nasceu" literalmente de Júpiter – como um fragmento de matéria lançado no sistema solar depois do impacto de um cometa contra a superfície de Júpiter. Para tanto, apresenta várias evidências, como por exemplo que a grande mancha vermelha em Júpiter é a cicatriz no lugar de onde a matéria que formaria Vênus foi de algum modo arrancada da superfície.

Velikovsky recorreu a mitos e lendas para amparar sua tese. No mito grego de Atena, a deusa (identificada às vezes com Vênus no panteão romano) sai da cabeça de Zeus (Júpiter) fazendo o monte Olimpo sacudir-se e o mar ferver. Velikovsky acreditava que esse mito reproduzia um evento astronômico real, contemporâneo da saída de Moisés e dos israelitas do Egito – algo que, em seu entender, aconteceu por volta de 1500 a.C. e não no início do calendário maia de Longa Duração, mais ou menos 1.600 anos antes. Para ele, fenômenos celestes é que provocaram as pragas bíblicas e a abertura do mar Vermelho, não causas sobrenaturais como o poder do Deus do Velho Testamento.

Velikovsky cita também mitos astecas e maias, inclusive a história central de Kukulkán/Quetzalcoatl, a Serpente Emplumada. Afirma que Quetzalcoatl era na verdade um nome comum, entre os astecas, para Vênus ou "a estrela que fuma", conforme era também chamada. Recorre também à *Histoire des Nations Civilisées du Mexique*, do bispo de Brasseur, que reproduz este antigo relato sobre um portentoso fenômeno celeste: "O Sol recusou-se a mostrar a face e, por quatro dias, o mundo ficou completamente privado de luz. Então, uma grande estrela surgiu e recebeu o nome de Quetzal-cohuatl ... Para patentear sua cólera, o céu fez com que muitos morressem de fome e doenças. Foi nessa época que o povo retomou o cálculo dos dias, noites e horas segundo a diferença de tempo gerada pelo acontecimento."

## Questões importantes levantadas por Vênus

Pode mesmo ter sido esse – como acreditam vários maianistas, entre eles Cotterell – o "nascimento de Vênus", o início de nossa atual quinta era? Se foi, eventos tão calamitosos, capazes de abalar a galáxia, ocorrerão de novo?

Quando nasceu, afirma Velikovsky, Vênus percorria uma órbita bem diferente, mais errática do que hoje – mais próxima do Sol e estendendo-se pelo espaço até Júpiter. Ou seja, o planeta passava relativamente perto da Terra. Durante esses contatos imediatos, poderia Vênus ter provocado, também aqui, uma inversão de polos e perturbações geomagnéticas responsáveis por cataclismos? Cotterell apela para várias fontes a fim de explicar a ocorrência de inúmeras catástrofes em nosso passado – catástrofes que se enquadram na inversão do campo magnético do Sol, a qual, segundo ele, ocorreu cinco vezes em 18.139 anos. Será isso a causa do desastre previsto para 2012?

*A divindade cultuada no Templo da Cruz em Palenque é conhecida por vários nomes: deus GI, deus K, Bolon Dzacab e Cetro Manikin. Embora fosse originalmente o deus-sol, muitos estudiosos associam-no hoje ao planeta Vênus.*

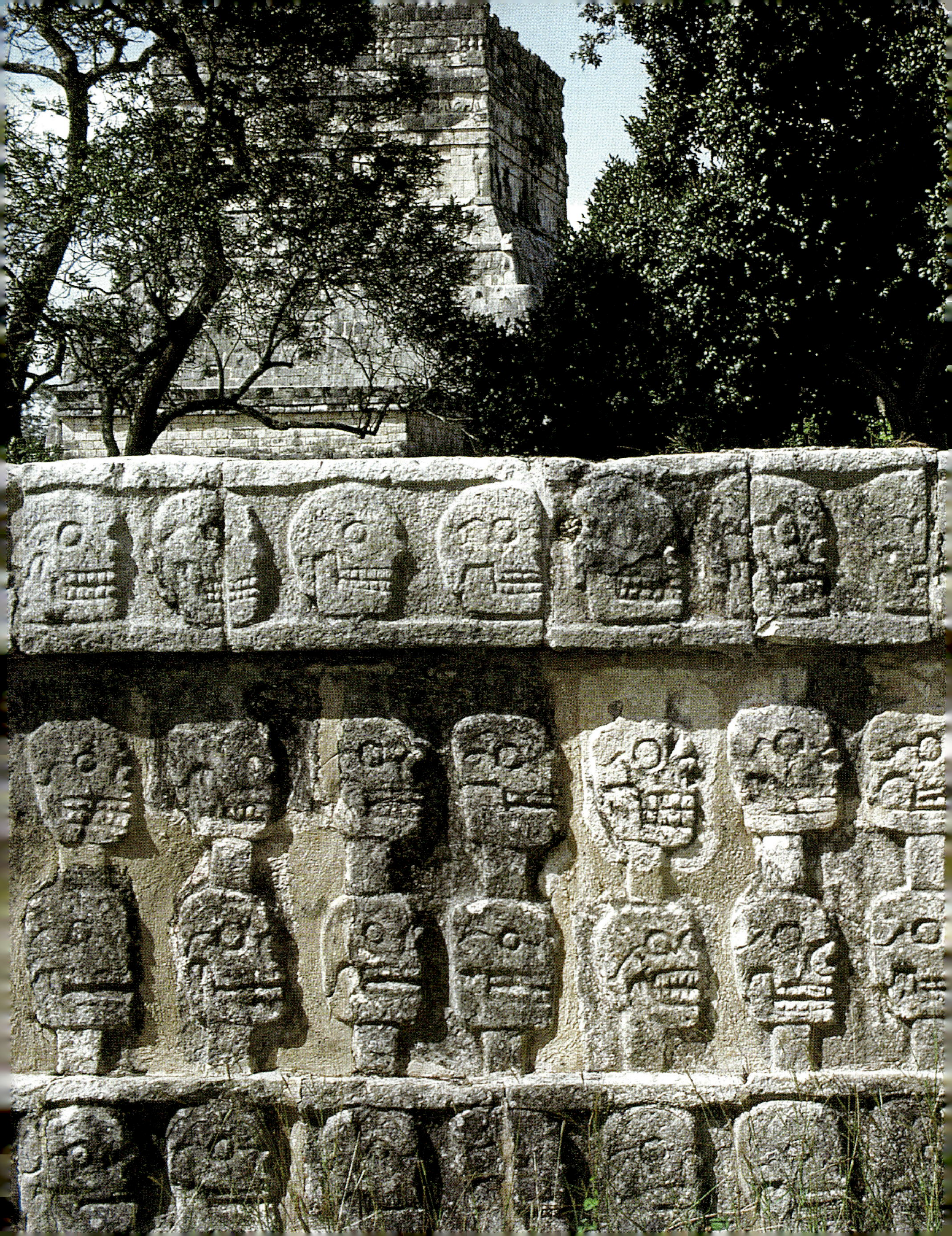

# Capítulo 6
# A MENSAGEM DO CALENDÁRIO

Quando os maias elaboraram seu calendário de Longa Duração, sabiam que o término de um grande ciclo 13 baktun traria inúmeros acontecimentos concomitantes. O fecho de uma grande era sempre significaria mudanças na vida e transformações culturais. E como esperar coisa diferente se o mesmo já sucedera no passado? Os deuses eram confiáveis em tudo – especialmente quando se tratava de ceifar.

Os maias eram obcecados por ciclos, por conexões de ciclos e pelo grau crescente de importância que advém da sincronização de ciclos em número cada vez maior. Por isso o fim do calendário de Longa Duração a 21 de dezembro de 2012 assume proporções de acontecimento épico. Mas essa data assinalará um tempo de destruição, confusão e negatividade ou o início de uma nova era, mais espiritualizada? Que mensagem os maias deixaram para nós? E, afora o calendário em si, sob que formas se apresenta sua mensagem?

# O culto da Serpente Emplumada

*É impossível entender a mensagem e o significado das culturas maia e asteca sem levar em conta Kukulkán/Quetzalcoatl. As lendas falam de Omeototl, o deus original "duplo" que criou Ehecatl com um sopro. Ehecatl gerou seu próprio filho, conhecido simplesmente como Filho de Ehecatl. Pai e filho mesclaram-se então num único ser, numa única identidade – uma serpente "emplumada".*

*Nos equinócios da primavera e do outono, a sombra lançada sobre o Castillo em Chichén Itzá pelo sol poente desenha o corpo encrespado de uma cobra que termina na cabeça de pedra de Quetzalcoatl.*

## Um elo com o divino

Sob forma de ave ou serpente, Kukulkán liga a terra ao céu, o mundano ao divino. É o grande mediador místico entre as esferas, trazendo a sabedoria da de cima para os habitantes da de baixo. Kukulkán governa o quadrante ocidental do céu, enquanto seus irmãos governam os outros: Yaotl o norte, Xiuhtchutli o leste e Huitzilopochtli, o deus solar, o sul. Se algumas fontes falam dele apenas como uma divindade maia – sobrenatural, bem acima da humanidade, uma metáfora como Zeus –, outras lhe atribuem a figura mais real de um sábio, um salvador, um ser iluminado.

Como homem-deus, Kukulkán parece ter sido tão importante para a história e desenvolvimento da América Central quanto Jesus Cristo para a formação da cultura europeia. As duas figuras são, por muitos modos, diferentes; mas talvez haja paralelos interessantes que nos ajudem a compreender o papel do avatar do Mestre na ascensão e queda das grandes culturas. Elas apontam para a perspectiva da "Sabedoria Superior" – o conhecimento haurido de uma fonte inacessível ao comum dos mortais. Despertam também o senso de potencial e possibilidade: "O que fiz deveis fazer em dobro", disse Jesus Cristo. Quanto à Serpente Emplumada, inspirava em seus seguidores sentimentos de humildade, reverência e orgulho. Associar-se a essa força espiritual era ligar-se aos deuses, ao eterno.

## Que ou quem era Kukulkán/Quetzalcoatl?

Seria a Serpente Emplumada apenas uma divindade ou possuía (como Jesus Cristo, Buda e Krishna) um lado humano ou "encarnado?" Teria consentido em abandonar sua morada divina para viver entre os homens? Que papel desempenha na mensagem que os maias nos deixaram? Será ele que nos dirá qual o significado do calendário desse povo?

Os Livros de Chilam Balam relatam que "... os primeiros habitantes do Yucatán foram o 'Povo da Serpente'. Vieram do Leste, em barcos que cruzaram as águas, com seu líder Itzamna, a 'Serpente do Levante', um mago que podia curar impondo as mãos e até reviver os mortos."

Bernardino de Sahagún, frade franciscano do século XVI e cronista da nova terra do México, considerava Quetzalcoatl mais um homem que um deus: "Quetzalcoatl foi uma grande força civilizadora que penetrou no México à frente de um bando de estrangeiros. Introduziu as artes no país e teve papel de destaque no fomento da agricultura. Nessa época, as espigas de milho eram tão grandes que um homem não conseguia carregar sozinho senão umas poucas. O algodão crescia em cores diferentes e não precisava ser tingido. Ele construiu casas espaçosas e elegantes, além de ensinar a religião que instaurou a paz entre as gentes."

Outra fonte antiga narra uma história semelhante: "Kukulkán chegou com 19 companheiros, dois dos quais eram deuses dos peixes, dois outros deuses da agricultura e um o deus do trovão [...]. Permaneceram 10 anos no Yucatán. Kukulkán promulgou leis sábias e depois velejou para longe, desaparecendo na direção do Sol nascente."

*O deus Quetzalcoatl é às vezes representado sob a forma de um homem com língua bífida de serpente, como nesta estatueta de Teotihuacán.*

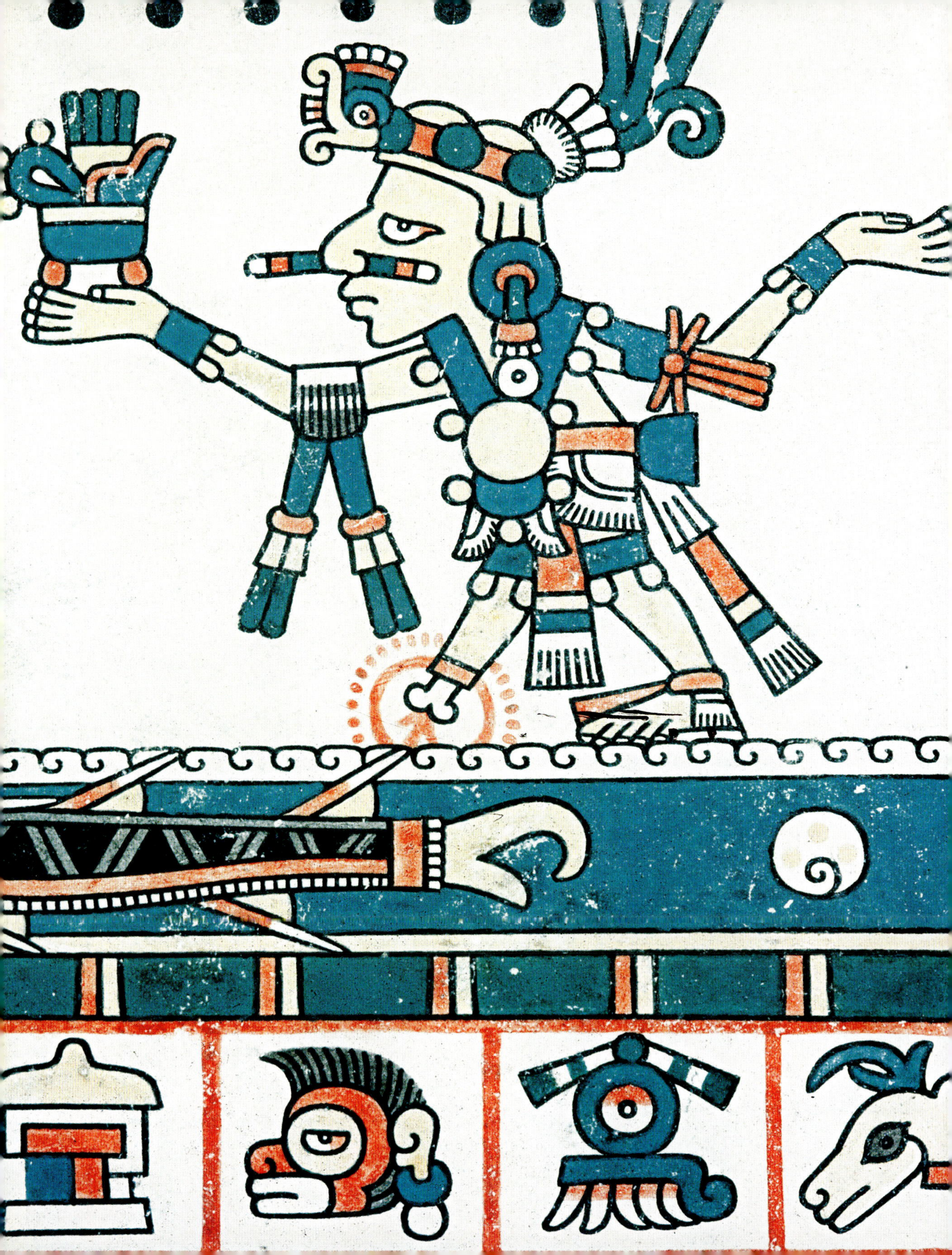

## Relatos que confirmam a história

O cronista espanhol Bartolomé de las Casas confirmou a história dos 20 homens: "O povo nativo conta que, em tempos antigos, 20 homens chegaram ao México chefiados por Kukulkán [...]. Vestiam trajes flutuantes e calçavam sandálias. Tinham longas barbas e traziam as cabeças raspadas [...]. Kukulkán ensinou ao povo os caminhos da paz e iniciou a construção de vários edifícios importantes."

Outro espanhol, o escritor Juan de Torquemada, narra a mesma história em seu *Monarchia Indiana*, falando de um povo civilizado que chegou com Quetzalcoatl: "Eram homens de boa aparência, vestidos elegantemente com longos mantos de linho preto, abertos na frente, sem capa nem capuz. Traziam os cabelos aparados na nuca e luvas curtas, que não chegavam aos cotovelos. Esses seguidores de Quetzalcoatl pareciam homens de grande sabedoria e conhecimento, muito proficientes nas belas-artes".

## O fim de uma idade do ouro

Em muitas fontes, é clara a ideia de que a chegada de Kukulkán – frequentemente pintado como um homem branco – desencadeou uma era de paz e harmonia na qual homens e mulheres viviam felizes em seus lares, não mais praticando os sacrifícios humanos que marcaram o povo olmeca anterior. Ao contrário, o novo salvador instituiu os sacrifícios de animais, ditou leis, fundou centros urbanos e organizou comunidades. Fato importante, Kukulkán também ensinou os segredos do calendário.

Mas, estando no auge essa aparente idade do ouro, uma sombra maléfica desceu sobre a terra que hoje chamamos de México. Houve, contam alguns, uma verdadeira batalha pela própria alma do povo, durante a qual a benevolência e a humanidade de Kukulkán se viram às voltas com a violência e a brutalidade de Tezcatlipoca, um homem-deus (ou, em certos relatos, um deus pura e simplesmente) conhecido também como "Espelho de Fumaça" por causa de um objeto mágico que usava para obter conhecimentos secretos. Ele exigia oferendas sangrentas de corações humanos – ideia que era anátema para a Serpente Emplumada. Numa espécie de combate cósmico, os dois magos disputaram a supremacia e Kukulkán acabou vencido. Não foi, porém, uma derrota completa e ele teve de abandonar a terra de Tula, antigo centro dos povos pré-astecas e pré-maias.

*Página oposta: Esta imagem do códice mixteca conhecido como Fejervary-Mayer mostra Tezcatlipoca usando o pé como isca para atrair o Monstro da Terra à superfície das grandes águas. Os símbolos na parte inferior representam datas em que Tezcatlipoca subjugou outras forças.*

*Abaixo: Aves e outros animais apareciam com frequência na arte maia, não apenas como motivos decorativos, mas também como representações de divindades importantes.*

## A chegada dos espanhóis: retorno de Kukulkán?

Em alguns relatos, o vencido Kukulkán fugiu para a costa e afastou-se em seu barco sem remos, cruzando o "mar oriental" depois de prometer que um dia regressaria a fim de restaurar a justiça e o primado da compaixão. Em vista disso, compreende-se facilmente a reação do povo indígena à chegada dos espanhóis, que para muitos representava o retorno de Kukulkan, conforme a profecia. Assim como os cristãos aguardam a volta de Cristo, os nativos mexicanos aguardavam a de seu salvador. Infelizmente para eles, os cristãos que chegaram à sua terra achavam que, se os nativos não fossem eles próprios demônios, estavam no mínimo possuídos por Satanás.

## Votan e Pacal

Alguns especialistas associam Kukulkan a Votan, outra personagem mítica que teria vindo do outro lado do mar. Em seu livro *The Mayan Prophecies*, Maurice Cotterell identifica Kukulkán com Votan, um "homem branco" vindo do mar oriental ou oceano Atlântico. O bispo Nuñes de la Vega queimou um livro dos maias quiché em 1691, mas não sem antes copiar uma parte que continha a história de Votan, mais tarde caída em poder de um frade chamado Ordoñez (ver p. 40).

A história falava de um homem pacífico, Votan, que aparecera acompanhado por seguidores vestidos com trajes longos. Teria empreendido quatro viagens pelo Atlântico até sua terra de origem, Valum Chivim. Segundo Ordoñez, tratava-se de Trípoli, hoje capital da Líbia, mas então na Fenícia. Reza ainda a lenda que Votan subiu o rio Usumacinta e fundou a grande cidade de Palenque, por volta de 500-1000 a.C. Essa história improvável e intrigante propõe a ideia de que a América já fora "descoberta" cerca de dois mil anos antes da primeira expedição de Colombo. E apresenta a teoria de que a cultura das Américas, dos maias em particular, recebeu a influência de gente familiarizada com as civilizações do Egito e Babilônia. Explicaria isso a paixão por pirâmides em ambos os lados do Atlântico – fato que há muito tem fascinado os arqueólogos?

Sucederia ainda que Pacal, o Grande, o mais notável dos governantes de Palenque, estivesse de algum modo ligado a seu antecessor Votan? Hoje, entusiastas dos maias como José Argüelles (ver p. 132) chamam Pacal de "Pacal Votan", associando-o a seu mítico antepassado, que também pode ter algo a ver com a linhagem de Kukulkán.

Essas peças bizarras do quebra-cabeça maia levaram certos comentarista à conclusão de que nosso conhecimento aparentemente "superior" da condição humana – o lugar do homem no universo, a verdade sobre os ciclos da existência – sempre existiu. É como se uma corrente paralela de saber, só conhecida de alguns, haja fluído ao lado da relativa ignorância das massas atribuladas. Será o caso de que esse conhecimento oculto sobre nosso destino comum, herança de todos nós, esteja finalmente ao nosso alcance graças à sabedoria do calendário maia?

*A cabeça de um sacerdote emerge da boca de uma serpente emplumada, outra imagem de Quetzalcoatl. Este artefato em pedra foi esculpido no estilo puuc da arquitetura maia, dominante ao final do período clássico.*

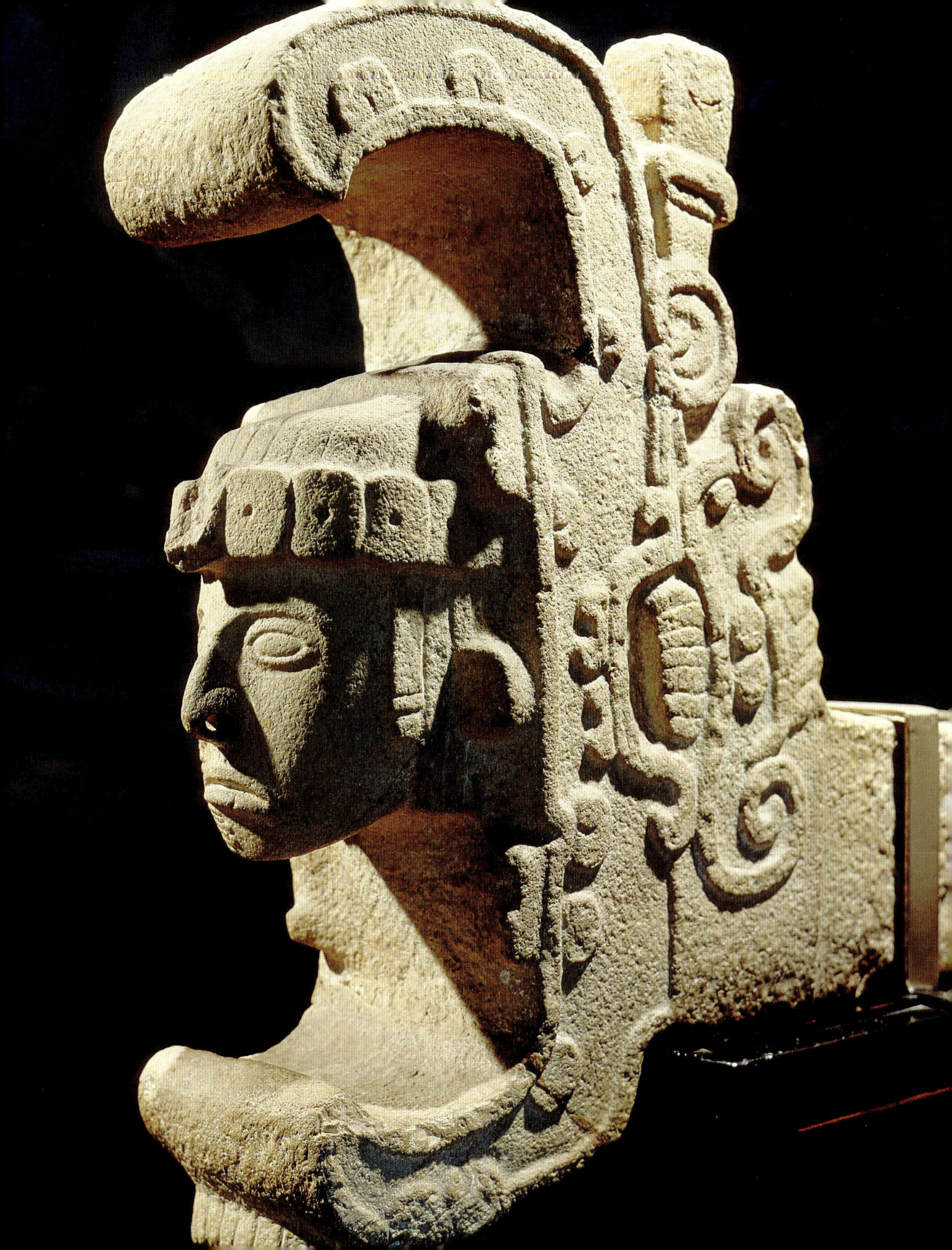

# Pacal, o Grande

*Em 1949, o arqueólogo mexicano Alberto Ruz Lhuillier descobriu um piso falso no Templo das Inscrições de Palenque. Ao remover as lápides, deparou com uma escadaria que levava ao interior da pirâmide, estando a passagem, no entanto, bloqueada por montes de cascalho. Ruz percebeu logo que ali havia algo muito importante. Mas nem ele pôde calcular os tesouros que jaziam a seus pés.*

Ruz e sua equipe levaram três anos para desobstruir a escadaria, semeada de fragmentos de cerâmica, jade e conchas. Mais embaixo, a escada mudava de direção e ia ter a uma antecâmara onde repousavam os esqueletos de cinco rapazes. Adiante, via-se uma pedra triangular barrando o caminho para algo que nem em sonhos Ruz poderia ter imaginado. Quando a porta se abriu, ele estacou, perplexo.

### A tumba do rei divino

A câmara mortuária do maior rei de Palenque, Pacal, o Grande, media 9 m de comprimento por 7 m de largura. As paredes ostentavam altos-relevos coloridos com figuras que hoje se acredita serem os Nove Senhores da Noite. No chão, duas belas cabeças de gesso moldado de um homem e uma mulher, além de outras duas figuras em jade. Mais impressionante, porém, era o enorme sarcófago que dominava o recinto. No entanto, o que mais chamou a atenção de Ruz e sua equipe foi a tampa de pedra do sarcófago: ela exibia entalhes tão vigorosos, sutis e complexos que desde então os maianistas têm se mostrado fascinados por essa peça hoje transformada em símbolo universal do misterioso conhecimento dos maias.

*A mão esquerda de Pacal, como a direita, ostenta pulseiras, anéis e uma grande pedra de jade. Como os chineses, os maias acreditavam no poder restaurador, mantenedor da vida dessa pedra semipreciosa.*

Quando, finalmente, a equipe de Ruz conseguiu remover a imensa placa esculpida de cerca de 5 toneladas, surgiu a seus olhos uma figura decrépita, a face inteiramente coberta por uma máscara mortuária feita com pastilhas verdes de jade. A bem dizer, eram dessa pedra quase todos os artefatos que adornavam o cadáver: brincos de jade e madrepérola, anéis de jade, colares de jade e, fato curioso, seixos de jade em cada uma das mãos e dentro da boca.

A peça não se parecia em nada com qualquer outra até então descoberta no continente americano. O achado lembrava a abertura da Grande Pirâmide de Quéops por Howard Carter e o encontro de Tutancâmon: também em uma pirâmide, do outro lado do mundo, Ruz deparara com outro rei divino! A máscara de jade cobria a face de Pacal II, o Grande – K'inich Janaab' Pacal, rei de Palenque até sua morte aos 80 anos de idade. Alguns o chamam também de "Pacal Votan", descendente em linha direta da figura mítica original de Votan, Mestre dos maias.

## O reinado de Pacal, o Grande

Com base nos muitos glifos de Palenque, foi possível decifrar a história de seus governantes e obter outras informações factuais. Sabe-se hoje que Pacal, o Grande, nasceu em 603, filho da então rainha Zac-Kuk; subiu ao trono aos 12 anos de idade, a 29 de julho de 615, e mor-

*As origens e o significado da tampa da tumba de Pacal têm sido objeto de intensa especulação e teorização ao longo dos mais de 50 anos após sua descoberta.*

reu em 683. Em seus 80 anos de vida, fomentou talvez o maior impulso cultural da história maia: houve grandes realizações nas artes, arquitetura e política durante seu reinado. Além de implementar gigantescos programas de construção em Palenque, ele fez proveitosas alianças sociais com outras cidades-Estado, como Tikal e Yaxchilan. Ao morrer, foi sucedido por seu filho K'inich Kan B'ahlam II, que sepultou o pai na pirâmide, sob o Templo das Inscrições. A B'ahlam II sucedeu seu irmão Kan Xul II, em 702.

## A máscara mortuária de jade

A máscara de pastilhas de jade é, por si só, uma obra de fino lavor a que alguns estudiosos tentaram atribuir poderes quase sobrenaturais. Como as cabeças de gesso encontradas na tumba, a máscara representa Pacal, o Grande, com sua testa fugidia e boca larga. Os olhos são de conchas brancas, com pupilas de obsidiana de um preto intenso. O fato de sepultamentos com pedras de jade serem também uma prática asiática levou alguns estudiosos a sugerir que, talvez, tenha havido mais migrações culturais no passado do que comumente imaginávamos. De fato, para muitos cientistas, os povos americanos vieram da Ásia. Mas outros alegam que os maias, sobretudo os responsáveis pelo florescimento da era clássica, estavam de algum modo ligados ao antigo Egito e ao continente perdido da Atlântida.

A descoberta da tumba de Pacal só fez multiplicar o número de teorias sobre as origens – naturais ou sobrenaturais – dos maias. Foi o desenho dessa tampa que inspirou o escritor suíço Erich von Däniken a apresentar suas hipóteses sobre OVNIS no livro *Eram os Deuses Astronautas?*, dos anos 1960.

O pesquisador dos maias Maurice Cotterell tentou mostrar que, no arranjo de mosaicos da máscara mortuária de Pacal, esconde-se uma mensagem pictórica de vários níveis de significação, que ele acredita ter decifrado. Em *The Supergods*, afirma que a máscara encerra uma história notável:

> *Temos aqui, pois, uma máscara de jade cobrindo o rosto de um homem depositado num túmulo, sob uma pirâmide em meio à floresta tropical da América Central. Ela oculta uma estranha história: o homem, por um lado, dava a vida; por outro, a tirava. Esse homem era a serpente emplumada que combateu o mal e passou a governar o céu, opondo-se aos sacrifícios. Mas nenhum ser humano poderia ter codificado uma informação tão incrível nesse quebra-cabeça de jade. Então, quem o fez?*

*Retirada do seu sítio original no Templo das Inscrições, a máscara mortuária de Pacal ocupa hoje lugar de destaque no Museu Antropológico da Cidade do México.*

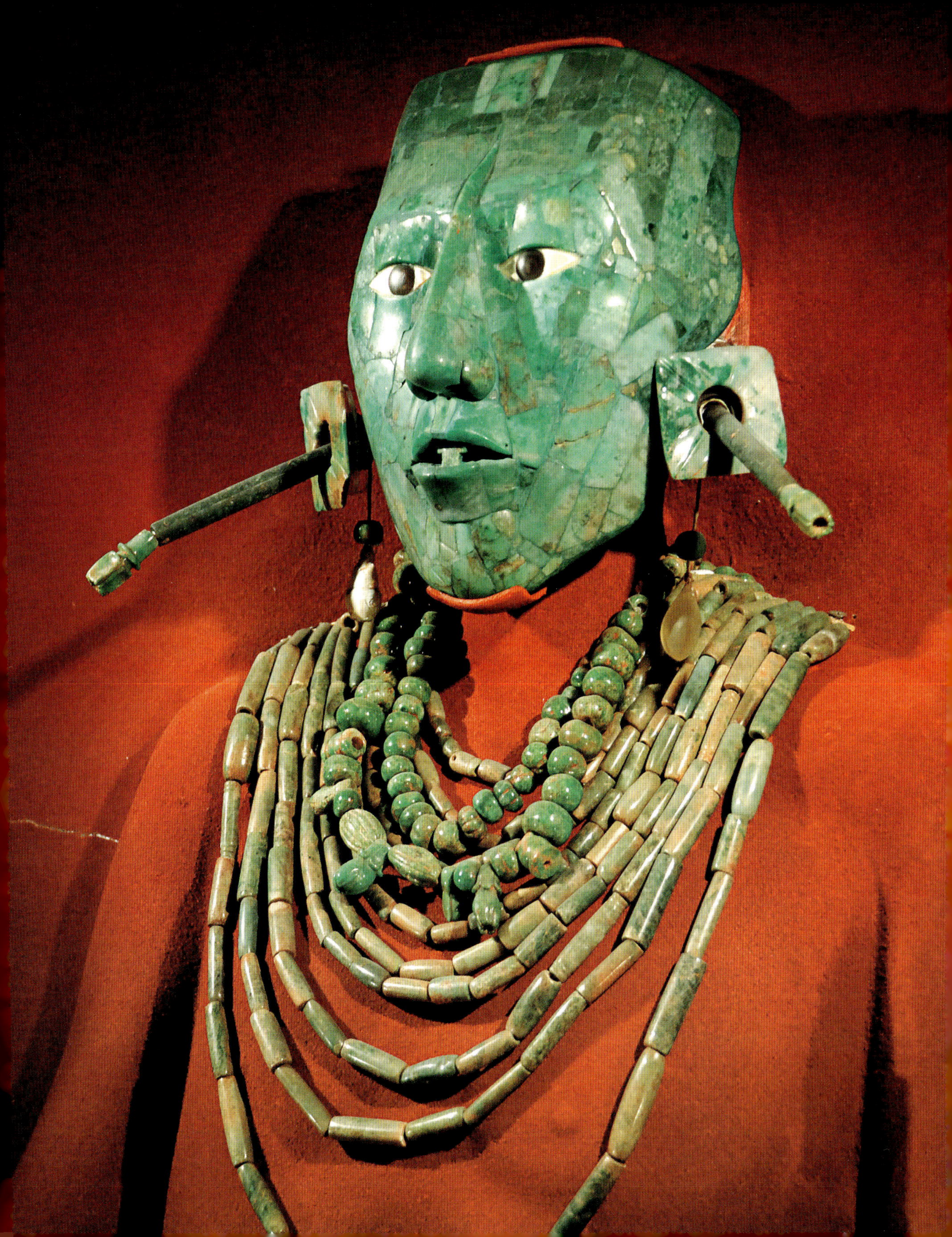

# A tampa de Palenque

*A magnífica tampa de Palenque é uma placa de calcário de 3,5 m por 2 m que cobre o sarcófago de Pacal, o Grande. Larga demais para passar pela porta da tumba, ela deve ter sido confeccionada e instalada – juntamente, talvez, com o sarcófago e as próprias paredes do recinto – antes da edificação da pirâmide. Acredita-se hoje que o rei em pessoa haja desenhado seu túmulo e iniciado a construção cerca de 675 d.C.*

### A imagem na tampa

Os estudiosos dos maias supõem geralmente que a personagem central da tampa seja o próprio rei. O fato de ele estar inclinado – talvez caindo para trás – indica que se acha à beira da morte, começando a descer para o Xibalbá, o mundo subterrâneo onde o deus infernal (que aparece claramente com os dentes à mostra) o espera, como esperara os Heróis Gêmeos. O próprio Pacal está no mundo mediano da vida mortal, debaixo do mundo superior dos céus onde revoa o pássaro divino. A árvore da vida ou árvore do mundo (ver p. 54) aparece com as raízes mergulhadas na esfera subterrânea e os galhos perdendo-se no céu. Pacal desliza para o abismo da morte, mas será (como Cristo) ressuscitado. A mitologia maia insiste em que a morte não é o fim – particularmente para alguém tão importante como o rei de Palenque. Essa ideia é confirmada por alguns estudiosos segundo os quais os glifos que aparecem na imagem relatam na verdade o nascimento de Pacal, não sua morte.

### A interpretação de Cotterell

Embora reconheça que Pacal era de fato um deus em forma humana – espécie de avatar ou figura crística não apenas para o povo maia, mas para todas as culturas que se lhe seguiram –, Cotterell, ironicamente, não acredita que a imagem na tampa do sarcófago seja uma representação de Pacal. Alega, ao contrário, que a tampa conta a história antiga dos maias, desde o começo até os dias de hoje. A seu ver, as figuras ali mostradas simbolizam tanto a criação quanto a destruição das cinco grandes eras da história maia.

Para Cotterell, a figura central é da deusa da criação da água, Chalchiuhtlicue, que representa o fim da primeira era maia pelas inundações. As formas simbólicas que a rodeiam são também deuses da criação: Ehecoatl, o deus-ave do ar e do vento, representando o fim do mundo pelas tempestades e furacões; Tlaloc, o deus de seis dentes da chuva e do fogo divino, significando a destruição pelos vulcões; e Tonatiuh, o deus-sol, com sua língua estirada, simbolizando a destruição pelas secas.

Cotterell acredita que o quinto símbolo, uma figura em forma de jaguar, preveja o aniquilamento de nossa quinta era, a era do jaguar, ao final do calendário de Longa Duração, a 22 de dezembro de 2012. Mas o que o jaguar simboliza? Evocará ele, pelo menos na visão de Cotterell, o método pelo qual a Terra será destruída? Poderia Pacal prever o modo como nossa era será aniquilada? Isso não parece plausível, mas talvez – nestes tempos de incerte-

*Poucos artefatos geraram tanta controvérsia quanto a tampa do sarcófago de Pacal. Suas imagens complexas exercem intenso fascínio e os trabalhos de decifração ainda*

A TAMPA DE PALENQUE

# José Argüelles

*Em meados dos anos 1980, um escritor e professor universitário residente nos Estados Unidos, José Argüelles, publicou um livro com o título de* The Mayan Factor.* *Esse livro, para o bem ou para o mal, chamou muito a atenção em virtude do tema tratado, o calendário de Longa Duração dos maias e a relevância da data fatídica de 2012. As ideias de Argüelles sobre o sentido metafísico do calendário e o papel de Pacal, ou "Pacal Votan", conforme o chamou, foram vertidas num estilo literário ao mesmo tempo vago e complexo.*

### A mensagem transformacional

Em *O Fator Maia* e livros subsequentes, como *The Call of Pacal Votan*, Argüelles conclama a humanidade a despertar para a mensagem transformacional do calendário e, sobretudo, a repelir nosso calendário gregoriano de 12 meses e horas de 60 minutos em favor da "ciência do tempo" mais natural do sistema maia, baseado em 13 meses e 28 dias (364 dias), com um "dia verde" extra para perfazer os 365 e algumas adições intercalares. Sustenta que a data-limite do calendário de Longa Duração coincide com o fim de um ciclo de 26.000 anos, quando então a Terra entrará num "Raio de Sincronização Galáctica" projetado do centro do universo: isso mudará a "frequência de consciência" que orienta a vida humana.

Graças a uma mudança na consciência individual e coletiva dos habitantes do planeta, diz Argüelles, a humanidade poderá instalar a Terra no sistema solar e na galáxia como uma parte iluminada da criação. Ótimo! Ou, nas palavras de Argüelles: "O nível de mentização progressiva e complexificação tecnológica força a biosfera a um ajuste hiperbiomutacional chamado transição para a noosfera. A noosfera se forma graças ao componente humano da biomassa que encara o tempo como a quarta dimensão, o que, tornando conscientes as frequências temporais inconscientes, gera uma nova autorregulação planetária plena de consciência."

### Os que creem e os que duvidam

Argüelles atraiu muitos seguidores na comunidade Nova Era e teve papel relevante na organização de um evento chamado Convergência Harmônica, a 16-17 de agosto de 1987, durante o qual centenas de milhares de pessoas se reuniram em locais sagrados de todo o mundo para meditar. Do ponto de vista de Argüelles, o evento antecipou a data final de 2012, abrindo espaço para que a humanidade passasse a se preocupar menos com o material e mais com o espiritual, na tentativa de modificar o destino da Terra.

Para muitas pessoas, a escrita de Argüelles é impenetrável; para outras, conversa fiada; mas há quem leve a sério suas ideias. Certamente, os maianistas acadêmicos não dão crédito à afirmação de que Pacal, o Grande, foi de fato uma espécie de Cristo galáctico, uma criatura superior que apareceu no século VII para instruir quem iria enfrentar o fim do 13º *baktun*, o fecho do calendário de Longa Duração. Também não aceitam identificar Pacal com o mito de Votan ou com Kukulkán, a versão maia do deus solar Quetzalcoatl.

---

* *O Fator Maia*, publicado pela Editora Cultrix, São Paulo, 1991.

Argüelles nos mostra "Pacal Votan" como um ser hiperiluminado, "testemunha especial do tempo", Agente Galáctico 13 66 56 que, diz ele, orientou-o em todas as suas descobertas. Durante o prazo específico de sua estadia na Terra e seu "ciclo de poder" entre 615 e 683 d.C., Pacal revelou domínio da "ciência maia do tempo". Argüelles acredita, pois, que a missão de Pacal era levar a humanidade de volta a um sistema de tempo mais em harmonia com a galáxia e, assim, evitar as más consequências do nosso comportamento contrário à natureza antes que fosse tarde demais.

Embora muitos se mostrem céticos quanto aos aspectos um tanto místicos dos ensinamentos de Argüelles e à popularidade que ele conquistou, outros lhe creditam o fato de haver chamado a atenção do mundo para a importância dos maias e o saber contido em seu calendário.

## Então não será o fim do mundo?

É interessante que decifrações recentes dos hieróglifos de Palenque, gravados sem dúvida durante o reinado de Pacal, o Grande, se refiram a datas *posteriores* ao fim do calendário de Longa Duração. Na Tábua de Inscrições de Palenque, pode-se inferir a data de 1.0.0.0.0.8 5 Lamat 1 Mol – também conhecida como 21 de outubro de 4772, quase 3.000 anos no futuro. Talvez devamos deduzir daí que o próprio Pacal não via no fim da quinta era a extinção do tempo ou da Terra, mas achava que seu nome ainda seria mencionado na sexta.

Susan Milbraath, curadora de Arqueologia e Arte Latino-Americanas do Museu de História Natural da Flórida, disse: "Nós [a comunidade de arqueólogos] não dispomos de nenhum registro ou notícia de que os maias marcavam o fim do mundo para 2012. Mas há quem pense o contrário."

*Esta cabeça de gesso da tumba de Pacal é o retrato mais vívido do rei-deus que subsiste de sua época. Os traços faciais parecem exemplificar a beleza física dos maias.*

# Os crânios de cristal

*Talvez os artefatos mais estranhos associados ao conhecimento maia sejam um conjunto de crânios de cristal – modelos de crânios humanos aparentemente esculpidos em quartzo translúcido e outros minerais semipreciosos. Mas o que esses objetos tão belos, embora assustadores, significavam para os maias e qual é o motivo do seu eterno fascínio? A história de como foram descobertos por exploradores europeus ajuda a explicar seu verdadeiro significado?*

*A 6 de janeiro de 1926, Frederick Albert Mitchell-Hedges partiu da Inglaterra para a América Central a fim de explorar e escavar a cidade maia de Lubaantun.*

## Um aventureiro extraordinário

Frederick Albert "Mike" Mitchell-Hedges era o tipo do aventureiro inglês romântico e corajoso que bem pode ter inspirado a personagem de Indiana Jones. Explorador e arqueólogo apaixonado, partiu para as Honduras Britânicas (hoje Belize) em 1924 com uma equipe de auxiliares do British Museum's Maya Committee. Fiel a seu lema "Vida sem entusiasmo e aventura não é vida", iniciou uma série de importantes e oportunas descobertas. Acreditava que o berço da civilização não estava em algum ponto do Oriente Médio e sim no continente perdido da Atlântida, cujos sobreviventes haviam escapado para a América Central e lá se estabelecido.

Embrenhando-se pelo interior depois de desembarcar no porto de Punta Gorda, Mitchell-Hedges e sua equipe logo enfrentaram contratempos. No rio Grande, fervilhante de crocodilos, a canoa com os suprimentos médicos emborcou e afundou. Depois, um dos membros contraiu malária e, na falta de remédios, morreu da doença. Somente com a ajuda do povo kekshi maia local puderam os exploradores abrir caminho para as profundezas do velho mundo indígena. Por fim, depois de muita busca infrutífera, o grupo deparou com algumas ruínas de pedra, quase inteiramente sufocadas pelo limo e a folhagem. "Não podemos estar longe dessa cidade perdida", teria dito Mitchell-Hedges.

Seguiu-se um ano de corte e limpeza, derrubada e queima. Enormes fogueiras de galhos enchiam a floresta de fumaça e cinzas; mas, quando se extinguiram, revelaram aquilo com que o explorador sonhara: os restos de uma grande cidade maia. Frederick Mitchell-Hedges narrou o que sentiu em sua autobiografia *Danger, My Ally* (1954):

*Ficamos assombrados diante da imensidão das ruínas. Muralhas, terraços e colinas surgiam à vista enquanto o fogo ia se alastrando [...] no centro, erguera-se uma poderosa cidadela [...] Destacava-se bem acima do nível da paisagem em derredor e, quando sua construção terminou, deve ter parecido uma ilha de um branco ofuscante de 46 m de altura. À sua volta espalhavam-se edifícios menores, túmulos de pessoas comuns e, mais à frente, milhares de acres de milharais verdes e ondulantes, que eram necessários para alimentar a enorme população.*

A cidade era maior e mais complexa do que poderiam ter imaginado. Encontrá-la significou o começo de uma escavação de sete anos no sítio hoje conhecido como Lubaantun: "Cobria uma área de 15,5 km² com pirâmides, palácios, terraços, colinas artificiais, casas muradas, câmaras subterrâneas e até um vasto anfiteatro para mais de 10 mil espectadores,

*Sepultada nas profundezas das selvas de Belize, Lubaantun apresenta um estilo de construção bastante raro. Os edifícios principais, de cantos arredondados, foram feitos com pedras assentadas sem argamassa.*

provido de duas imensas escadarias de acesso. A cidadela repousava numa plataforma de três hectares, originalmente coberta de todo com pedras brancas talhadas ...."

## A descoberta de Anna

Logo no começo de sua grande empreitada, a Mitchell-Hedges veio juntar-se sua filha adotiva de 16 anos, Anna ou "Sammy", como a chamava. Ela logo encarnou o papel de jovem aventureira e, mesmo em idade tão tenra, era tão corajosa quanto o pai. Num dia de sol intenso, quando os demais repousavam da fadiga, Anna resolveu explorar o sítio sozinha: "Achei que era a oportunidade de descobrir quão longe chegaria meu olhar de cima do edifício mais alto da cidade. Eu estava, é claro, estritamente proibida de subir até lá porque as pedras desconjuntadas ofereciam perigo. Mas soubera que do topo de uma das pirâmides a vista se estendia a milhas de distância e isso me intrigara."

Anna galgou, pois, os degraus da pirâmide mais alta:

*Uma vez no alto, de fato conseguia ver bem longe e tudo era muito bonito. Senti que poderia permanecer no local por horas a fio. Mas o sol estava fortíssimo e havia como que um brilho em meu rosto. Lá embaixo, numa fenda, percebi algo que refletia a luz e fiquei bastante intrigada. Como desci tão depressa não saberia dizê-lo; mas, de volta, acordei meu pai e disse-lhe que avistara um objeto curioso. Recebi uma bronca, obviamente, pois nunca deveria ter subido até lá.*

## "A coisa mais bonita que já vira"

Apesar do ceticismo inicial, seu pai ordenou uma busca na pirâmide. Uma semana depois, no 17º aniversário de Anna e depois que a equipe removera número suficiente de pedras, a garota foi baixada ao interior da pirâmide:

*Com duas cordas amarradas ao corpo e uma lâmpada presa à testa, desceram-me pela abertura. Enquanto mergulhava na escuridão, senti-me muito nervosa porque poderia haver cobras e escorpiões lá embaixo. Quando tomei pé, lá estava a coisa que brilhava, refletindo a luz da minha lanterna. Apanhei-a, envolvi-a na blusa para protegê-la e pedi que me alçassem o mais rápido possível.*

Tal como numa cena de um filme de Hollywood, Anna espanou o pó do objeto e revelou "a coisa mais bonita que já vira": um crânio brilhante, em tamanho natural, feito de cristal translúcido e aparentemente perfeito em todos os detalhes. Seu pai ergueu a peça bem alto para que todos os assistentes maias a admirassem. Após um momento de silêncio, a reação foi inesperada: "Todos os maias que trabalhavam no fosso começaram a rir e a chorar. Beijavam o chão e abraçavam-se", relatou Anna. "Era como se uma antiga e poderosa força houvesse voltado para animar a vida dos presentes". Naquela noite os maias envergaram trajes de pele de jaguar e penas de arara, pondo-se a cantar e dançar. "Realizaram cerimônias, rituais e danças diante do crânio, à luz da fogueira."

Nos dias seguintes, a descoberta miraculosa atraiu indígenas de vários quilômetros de distância. Sacerdotes apareceram para estudar o objeto e Anna conta o que disseram sobre esse artefato antiquíssimo: "Afirmaram os sacerdotes maias que a peça data de 100 mil anos atrás. Teria sido fabricada à imagem de um sumo sacerdote que viveu há milênios, pois era uma pessoa muito amada e o povo desejava preservar-lhe para sempre a verdade e a sabedoria. O velho esclareceu que o crânio podia ser induzido a falar, mas não quis explicar como."

Mitchell-Hedges, bastante impressionado pelo modo reverente com que os maias encaravam o magnífico crânio, resolveu devolvê-lo a eles. Anna, que o descobrira e arriscara a vida para recuperá-lo, não ficou nada satisfeita com o gesto do pai.

## Arte requintada ou objeto místico?

As escavações prosseguiram ainda por três anos, descobrindo-se muitos outros artefatos extraordinários. Um deles foi a mandíbula inferior do crânio, logo encaixada na peça original. Em 1927, quando a expedição se preparava para voltar à Inglaterra com seus achados, Anna ficou surpresa diante da atitude do maia com quem passara aquele tempo na selva: ele decidiu dar o crânio a seu pai num gesto de gratidão pela generosidade com que fora tratado. Anna se sentiu feliz ao ver que de novo a peça faria parte de sua vida.

*Imagens de crânios são comuns na arte e na arquitetura maia, como na plataforma Tzompantli em Chichén Itzá. A morte era uma realidade onipresente para esse povo e uma vida boa só podia ser rematada por uma boa morte.*

Mitchell-Hedges continuou a fazer explorações arqueológicas e a dar palestras até 1951, quando se retirou para Farley Castle, no Berkshire, onde costumava regalar seus convidados com histórias sobre o "Crânio do Destino" e sua aura maléfica. Quer acreditassem ou não nesses contos, quase todos os visitantes ficavam impressionados com a perícia de execução daquela peça enigmática e aparentemente perfeita. De fato, quando o crânio foi testado nos laboratórios da Hewlett-Packard (fabricante de computadores e especialista mundial em cristalografia), não se detectou nenhuma marca de ferramenta na superfície. Os técnicos concluíram que a primorosa obra no grande fragmento de cristal de rocha deve ter exigido o equivalente a trezentos homens-ano (ou mulheres) de trabalho. Isso contesta a ideia ainda dominante de que os maias eram um povo primitivo e sem sofisticação.

Em 1959, "Mike" Mitchell-Hedges faleceu e o crânio ficou sob os cuidados exclusivos de Anna, que desde então o manteve em seu cofre pessoal, permitindo ocasionalmente a pesquisadores sérios um contato com ele. Muitas pessoas afirmam que o crânio de cristal possui poderes notáveis, encerrando segredos e informações codificadas. Outras garantem que faz parte de um conjunto único de peças semelhantes, a serem algum dia reunidas, e forma uma grade de energia capaz de provocar efeitos profundos na humanidade. As origens do crânio Mitchell-Hedges, perdidas nas profundezas da selva do que é hoje Belize, estimularam várias teorias segundo as quais os maias – muito evoluídos no âmbito da cosmologia, matemática e profecia – criaram esses objetos para se comunicar com as gerações futuras. Mas, se isso é correto, que podem os crânios nos dizer? Qual o seu significado e como teremos acesso a seu saber esotérico?

## Outros crânios de cristal

A imagem do crânio assusta a humanidade talvez mais que qualquer outra. Aparece na grande arte do mundo, esculpida ou pintada; desempenha papéis de destaque em nossas maiores peças de teatro; e, no México, é presença indefectível em celebrações anuais. Não nos surpreende, pois, que tenha ressonância universal e abrigue significado ou mistério – o mistério de nossa própria mortalidade.

O "crânio Mitchell-Hedges" não é o único que existe e pressupõe uma história antiga. Embora não seja possível datar com exatidão essas peças, recorrendo a quaisquer métodos de análise material, parece haver outros exemplos que também devem remontar aos tempos dos maias ou mesmo a épocas mais antigas.

## O crânio do Museu Britânico

O Museu da Humanidade, em Londres, outrora ligado ao Museu Britânico, foi o lar de um crânio em tamanho natural adquirido na Tiffany's de Nova York em 1898. Hoje, está em exposição permanente no próprio Museu Britânico. Sua história é obscura, mas acredita-se que tenha sido trazido do México por um "soldado da fortuna" espanhol. O rótulo na caixa de cristal que o encerrava no Museu da Humanidade dizia: "Escultura asteca. Crânio em cristal de rocha. México. Provável origem asteca. C. 1300-1500 d.C. O estilo da peça enquadra-a no período asteca. Se, porém, como uma linha de incisão sugere, uma ferramenta de joalheiro foi usada para o entalhe, a peça é posterior à Conquista Espanhola. Comprimento 21 cm."

Segundo algumas pessoas, o crânio deve ser bem mais antigo que a data sugerida pelo Museu Britânico; tal como o crânio Mitchell-Hedges, faz parte de um conjunto de pelo menos outros 13 igualmente antigos, existentes no planeta; e todos se relacionam não só a profecias sobre a data final do calendário maia, mas também a outras predições que dizem respeito ao futuro da humanidade.

## O crânio do Texas
Outro exemplo importante é o crânio conhecido como "Max", hoje de posse de um casal texano, JoAnn e Carl Park, mas antes propriedade de um monge budista tibetano chamado Norbu Chen, que teria recebido esse objeto sagrado de um xamã guatemalteco.

## O crânio smithsoniano
Há também um crânio no Museu Nacional Smithsoniano de História Americana famoso por sua aparência repulsiva e a teoria de que é amaldiçoado. De tamanho maior que o natural e tonalidade alaranjada clara, foi doado ao museu por alguém que já não o queria por perto e chegou com a seguinte nota: "Caro Senhor, este crânio de cristal asteca, presumivelmente parte da coleção de Porfírio Díaz (presidente mexicano), foi adquirido na Cidade do México em 1960 .... Ofereço-o ao Smithsoniano sem mais considerações. Naturalmente, desejo preservar o anonimato."

Quando o museu tentou identificar o proprietário da peça, deparou com uma história trágica. Só conseguiu localizar o advogado do doador e descobriu que este cometera suicídio. Uma série de desgraças caíra sobre o homem desde que se tornara guardião do crânio: a esposa falecera, o filho sofrera um acidente que o deixara em "estado vegetativo" e, para coroar tudo, ele próprio fora à falência. Diante disso, não pudera mais suportar o sofrimento e dera cabo da vida – mas não antes de doar o crânio ao Smithsoniano.

Esse crânio é muito diferente dos outros que se supõe de origem antiga, não só pelo tom alaranjado, mas também pelas órbitas oculares muito fundas e o interior oco. Os entalhes não são precisos e o objeto lembra antes a cultura neanderthalense que a do *Homo sapiens*. Quase nunca agrada a quem o vê: com efeito, muitas pessoas acham-no "assustador" ou "esquisito" e algumas evitam olhar para suas órbitas com medo de atrair desgraças.

*O crânio de cristal ora em exibição no Museu Britânico tem sido alvo de controvérsias. Muitos lhe atribuem origem asteca, mas pesquisadores céticos acreditam que tenha sido esculpido na Europa do século XIX.*

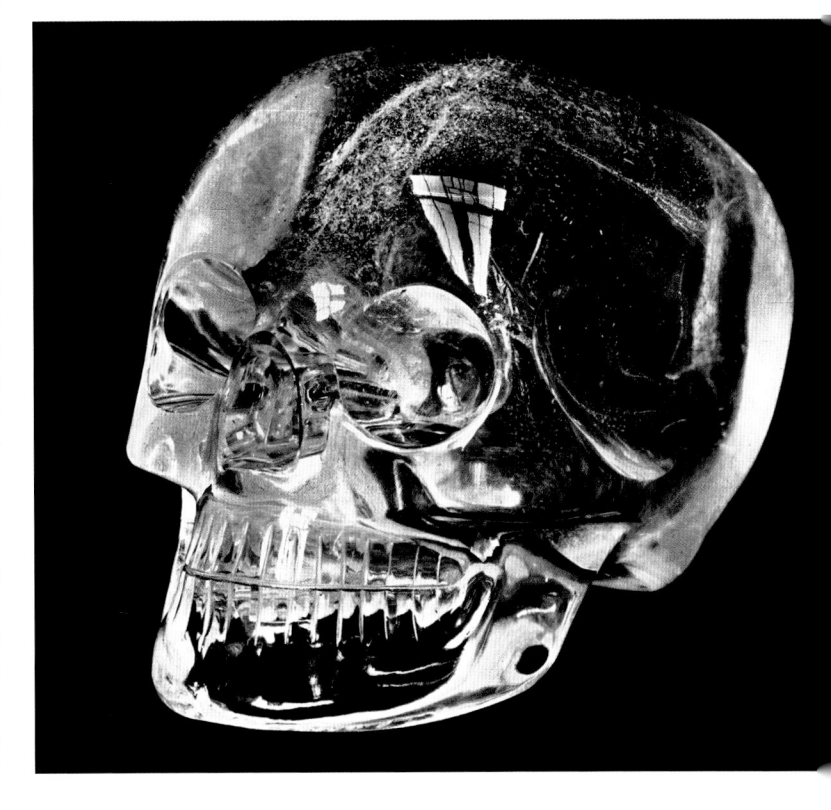

## O crânio de Paris
No Museu do Trocadero, em Paris, conhecido também como Musée de l'Homme, há um pequeno crânio de cristal. Com apenas 11 cm de altura e pesando menos de 3 kg, o artefato não apresenta mandíbula articulada, como o de Mitchell-Hedges. Para muitos especialistas, no entanto, seu estilo é inquestionavelmente asteca ou mix-

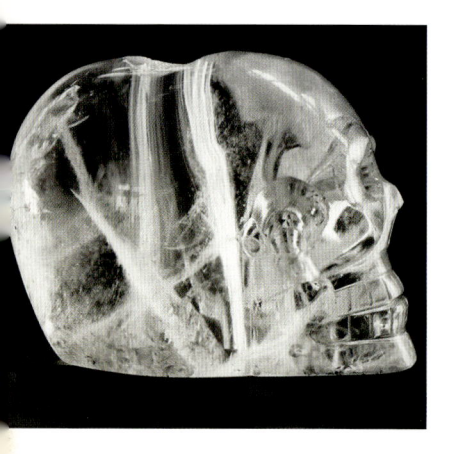

*Acima: O crânio de Paris apresenta uma nítida depressão no topo pela qual uma vara – ou mesmo uma cruz, como sugerem alguns – poderia ser passada.*

teca. Além disso, orifícios no topo e na base convenceram-nos de que a peça é "precolombiana" e foi feita a mão, não com ferramentas europeias. Os orifícios, pensa-se, permitiriam que o crânio fosse enfiado numa vara ou bastão – indicando assim que talvez houvesse mais deles, colocados um em cima do outro.

## O crânio Sha Na Ra

O crânio chamado "Sha Na Ra" pertence a um colecionador particular, o paranormal Nick Nocerino, cujas surpreendentes experiências com crânios convenceram-no de que eles possuem algum poder específico capaz de afetar as pessoas.

Afirma Nocerino que, quando criança em Nova York, olhou-se certa vez no espelho e viu a imagem de uma caveira com uma cobra saindo-lhe por uma das órbitas e um jaguar pela outra. Durante a Segunda Guerra Mundial, ele lutava na França quando um fazendeiro decidiu que aquele americano era o homem a quem deveria dar um presente especial, um objeto que vinha guardando com o maior cuidado. Tratava-se, é claro, de um crânio de quartzo translúcido. No momento, Nocerino não achou conveniente transitar por campos de batalha carregando pesados crânios de cristal e pediu ao francês que mantivesse a peça segura, longe dos alemães que avançavam. Nunca mais viu o crânio, embora julguem alguns que ele se encontre na posse de uma sociedade secreta francesa.

Nocerino conseguiu localizar o Sha Na Ra, no Estado mexicano de Guerrero, usando seus talentos de "arqueólogo sensitivo" e uma equipe local de escavadores. Depois de determinar o sítio, foi para lá e, decorridos alguns dias de trabalho, um túmulo escondido revelou seu tesouro.

Como muitos devotos dos crânios de cristal, Nocerino trabalha hoje psiquicamente com o Sha Na Ra, canalizando informações que diz estarem encerradas na estrutura cristalina da peça à espera de uma mente sensível como a dele. Trabalhou também com outros crânios – um de quartzo rosa, um de ametista e o de Mitchell-Hedges – a fim de extrair dados de diferentes tipos, alguns sobre o passado, alguns sobre o futuro.

---

### Repositórios de pesadelos ou de profecias?

Segundo Nocerino, os sensitivos que trabalham com crânios declaram muitas vezes ver um conjunto específico de imagens por ocasião do primeiro contato. Tais imagens se referem, tradicionalmente, a grandes mudanças: erupções vulcânicas, terremotos que destroem cidades, tsunamis gigantes que arrasam regiões inteiras, florestas que desabam, placas tectônicas que se movimentam. Para alguns, essa série de visões de pesadelo pode relacionar-se às origens dos crânios de cristal, antes da destruição da antiga Atlântida. Outros supõem que os crânios encerrem a profecia do fim de nossa era atual em dezembro de 2012.

A conclusão que o próprio Nocerino tira de suas experiências é mais ampla. Para ele os crânios, muito antigos, acumulam um conhecimento de fatos que remontam a dezenas de milhares de anos e, pondo tal conhecimento à nossa disposição, dão-nos a oportunidade de agir diferentemente, progredir espiritualmente e evitar os desastres globais do passado em ciclos futuros.

---

*À direita: Em Palenque, o Templo dos Mortos (ou Templo da Caveira, como também costuma ser chamado) ostenta essa assustadora imagem esculpida.*

OS CRÂNIOS DE CRISTAL 141

## Transmissão de profecias e sabedoria do crânio

Nocerino não é o único paranormal a alegar que obtém informações de antigos crânios de cristal. Hoje não faltam médiuns e sensitivos prontos a disseminar os dados secretos que, dizem eles, estão codificados nesses objetos.

Uma fonte de conhecimento sobre os crânios, que atrai interesse e controvérsia, são os índios norte-americanos. Em seu livro *The 13 Original Clan Mothers*, a autora e professora de sabedoria esotérica Jamie Sams retoma a lenda de 13 mães de clãs que vieram ao planeta Terra para ajudar a humanidade a evoluir. Sams, natural de Seneca, descende de cherokees e franceses, e a imagem que pinta das mães de clãs lhe veio do contato com seus ancestrais indígenas. Cada mãe dotou de uma qualidade as pessoas a quem ensinou e, quando elas deram por terminada a missão e partiram, deixaram sua sabedoria e conhecimento codificados em 13 crânios de cristal a que os homens poderiam ter acesso. A lenda narrada por Sams não tem data: remonta a um passado longínquo.

Embora ela tenha sido criticada por suas revelações da sabedoria nativa, a interpretação que dá ao significado dos crânios é bem mais consistente que a maioria das outras:

> *Os crânios de cristal simbolizam a transformação em vários níveis. A caveira, com efeito, é não apenas símbolo da mudança que experimentamos por ocasião da morte física como representa modificações que podemos empreender em vida. Sabendo que a morte física não é o fim, encararemos todos os outros "fins" em nossas vidas como novos começos [...]. Deixando de temer a morte, descobriremos que todas as mudanças pelas quais passamos fazem parte de um ciclo constante de morte e renascimento. A todo instante, quando algo em nós morre, algo renasce.*

Sams afirma ainda que os astecas, outrora guardiões dos crânios, usavam mal e equivocadamente seus poderes. Depois, um grupo de nativos norte-americanos se apossou desses objetos e os manteve numa caverna, onde a luz das fogueiras os atravessava projetando arco-íris nas paredes – imagem do microcosmo da Terra e de todos que nela vivem.

## Origens extraterrestres

Segundo Sams, os nativos norte-americanos podem ter reverenciado os crânios, como reverenciavam a Terra; mas a origem dessas peças não é nosso planeta. Como muita gente antes dela, Sams sustenta que os crânios vieram de algum recanto do universo, trazidos por "deuses celestes" cujo objetivo era instruir melhor a humanidade sobre seu potencial de espírito e consciência. Esses deuses chegaram numa época em que a cabeça dos bebês crescera a ponto de muitas mulheres morrerem durante o parto, ficando assim ameaçado o futuro da espécie humana.

Ela sustenta também que, nas histórias dos anciãos nativos, o *Homo sapiens* não representa simplesmente uma evolução darwiniana a partir de uma fase primitiva como o Homem de Neanderthal e outros hominídeos. Na verdade, o *Homo sapiens* é uma combinação genérica dos deuses celestes com a espécie neanderthalense. Essa teoria, ao menos em parte, explica o problemático "elo perdido" entre os primitivos hominídeos e o *Homo*

OS CRÂNIOS DE CRISTAL

*sapiens* (como são conhecidos os seres humanos na antropopaleontologia). Quando os "deuses celestes" vieram de outros mundos, diz Sams, os crânios de cristal que trouxeram consigo encerravam conhecimentos desenvolvidos em cada um dos diferentes planetas e sistemas estelares de onde se originavam. Constituíam um acervo de toda a sabedoria e informação – matemática, astronomia, filosofia e ciência – necessárias para o progresso e florescimento de uma nova humanidade terrestre, espiritualmente avançada.

Se essa teoria radical e – para algumas pessoas – absurda for verdadeira, é lícito concluir que a raça humana ao mesmo tempo obteve um sucesso espetacular e falhou ignominiosamente.

*Descoberta no Templo Mayor, centro da Cidade do México, em 1978, a pedra de Coyolxauhqui mostra a deusa epônima nua e desmembrada. Preso ao cinto, vê-se nitidamente o crânio de uma vítima.*

## Os maias e os crânios

Vimos o que os europeus e norte-americanos pensam a respeito dos crânios de cristal; sabemos um pouco mais dos sensitivos e cientistas que investigaram esses extraordinários artefatos de origem desconhecida. Mas o que o povo maia nativo, que ainda vive nas terras clássicas dos seus antepassados, acha dos crânios? Que sabe ele sobre a finalidade de tais objetos e como estes se enquadram na perspectiva espiritual de vida dos maias? E, mais importante ainda, os crânios têm algo a nos dizer relativamente ao fim do calendário maia em dezembro de 2012?

Hunbatz Men é um "guardião dos dias" maia, xamã e representante da tradição Itzá ainda viva na península do Yucatán. Reside em Mérida, perto do famoso sítio arqueológico de Chichén Itzá, mas viaja regularmente a fim de organizar e oficiar cerimônias e rituais que mantêm e renovam a vida sagrada dos maias. Descende de uma linhagem ininterrupta de mestres de sabedoria com um passado de 500 anos ou mais.

Hunbatz Men, que encarna as verdades duradouras da cultura maia, sustenta que os crânios de cristal possuem significado especial na história de seu povo. Segundo ele, Itzam Ná, comumente tido como deus no panteão maia, transmitiu a seu povo o conhecimento daquilo que os crânios representam e ensinou-lhe o modo de usá-los nos centros sagrados do país.

Para Hunbatz Men, os crânios e suas proporções físicas informam sobre a sagrada conexão dos maias com o deus Hunab K'u. Ele acredita que, se esses objetos influenciaram o mundo sendo levados para diferentes lugares, é hora – pois o fim do calendário se aproxima – de voltarem para os centros sagrados dos maias. Entrevistado para um filme sobre o assunto, dirigido por Ceri Louise Thomas e Chris Morton, Hunbatz Men explicou a importância dos objetos no momento presente:

*A Estela 35 em Yaxchilan mostra a governante Xoc (ou Crânio-Ik, como também é conhecida) tendo uma visão mística enquanto segura um crânio com a mão direita.*

*Conforme as profecias, o resto da humanidade arrancou os crânios de nossos centros sagrados e eles ficaram dormindo por algum tempo. Mas agora convém que nos sejam devolvidos e repostos nos centros sagrados, pois deles precisamos para reativar esses centros em todo o território dos maias. É tempo de a humanidade inteira despertar [...]. Convém que nos sejam devolvidos e repostos nos centros sagrados porque essa é a outra parte da profecia. Precisamos dos crânios de novo para colocá-los em nossas pirâmides sagradas [...] depois os outros [...] virão.*

## Lição de respeito à Mãe Terra

A campanha de Hunbatz Men para trazer de volta os crânios como parte de um processo global de instrução prossegue a passos rápidos. Ele, regularmente, promove cerimônias em Chichén Itzá, Tikal e outros grandes sítios maias onde a presença dos crânios de cristal desempenha papel importante. A ideia da volta de Kukulkán ou Quetzalcoatl não é, para esse guardião dos dias, um sonho remoto. Ao contrário, Hunbatz Men acha que nós – a humanidade – somos o veículo da presença crística ou búdica de Kukulkán. Aprimorando nossa relação com o conhecimento sagrado, podemos encarnar mais essa presença viva e expressá-la com ênfase maior: "Entendam de vez que todos somos Quetzalcoatl ou Kukulkán. Precisamos apenas aperfeiçoar nossas faculdades de consciência para aceitar plenamente essa condição."

Os crânios existem para energizar o processo, pensa Hunbatz Men, e manter-nos no caminho certo. A seu ver, o papel deles nesse processo é vital:

*Este machado cerimonial do fim do período clássico mostra uma águia ou abutre pousado num crânio de mandíbula aberta.*

*... o trabalho que vamos fazer, já os maias o estão fazendo em parte, passando a todos essa informação. Porque a informação dada pelos crânios pode ajudar os seres humanos a despertar e reconhecer os equívocos que estão praticando na Mãe Terra. Sim, aquilo de que precisamos agora é mais respeito pela Mãe Terra, pois, respeitando-a, começaremos a entender o processo da Mãe Terra, as mudanças normais da Mãe Terra.*

*Precisamos dos crânios porque a humanidade deve agora despertar. Se ela não despertar, mataremos a Mãe Terra e não haverá lugar algum onde possamos viver [...].*

Como traço de união com a antiga sabedoria maia, Hunbatz Men vem desempenhando um papel importante ao alertar os modernos ocidentais para o significado de nossa época e os desafios que ela apresenta. Talvez seja prudente ouvi-lo.

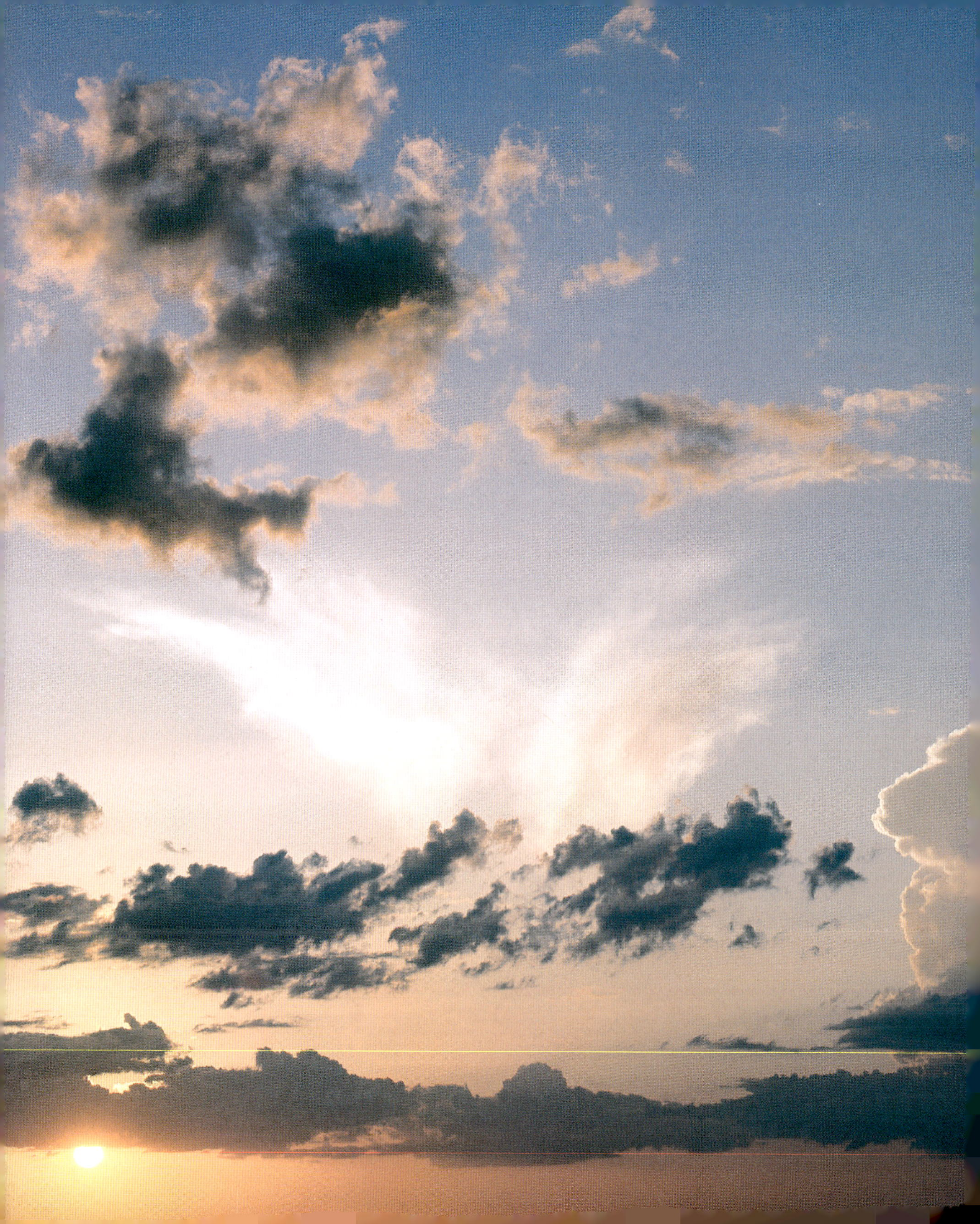

## Capítulo 7

# UMA NOVA AURORA OU UMA NOITE SEM FIM?

Que podemos esperar, pois, ao abrir os olhos na manhã de 21 de dezembro de 2012? No hemisfério norte será o dia mais escuro do ano – mas um dia literalmente de trevas para toda a humanidade ou um dia de transformação? Ou ainda, como pensam muitos, apenas um dia como qualquer outro?

A resposta depende de cada um. Para a maioria de nós, é difícil relacionar nossa mortalidade à mortalidade da raça humana ou à condição da Terra. No mundo ocidental, vivemos vidas separadas, indiferentes aos grandes acontecimentos que podem devastar comunidades inteiras. No entanto, sabemos que muita gente passou por essas experiências terríveis – tsunamis, inundações, erupções, terremotos e guerras mundiais estão frescos em nossa memória.

O modo como encaramos tais eventos é grandemente afetado por nossa visão espiritual da vida. Se acreditamos que só existe a vida da matéria, da carne, então morte e catástrofe representam de fato o fim de nossa identidade pessoal (ou coletiva). Se, no entanto, pressentimos que a morte não é o fim e uma parte de nós sobreviverá, provavelmente vemos os acontecimentos ameaçadores como etapa de uma iniciação espiritual, de um desafio cósmico à nossa capacidade de resistir ao medo. Pois talvez não devamos temer os acontecimentos, mas o próprio temor. Não é este, afinal, que nos leva a agir de modo a amesquinhar nosso espírito e perder a capacidade de exprimir amor? Nesse caso, a pergunta que subsiste é: como nos prepararmos para a mudança?

# Transformação e mudança

*Finalizando nossas investigações, precisamos perguntar: até que ponto as profecias sobre a data final dos maias correspondem a outras ideias sobre condições desfavoráveis nos céus?*

O astrólogo Raymond Mardyks tentou demonstrar que pelo menos cinco eventos celestes diferentes e incomuns convergirão em 2012. O primeiro será um trânsito de Vênus por cima do Sol, de nosso ponto de vista. Esses trânsitos ocorrem aos "pares", com oito anos de diferença entre ambos, só voltando a acontecer depois de 120 anos mais ou menos. Como o próximo trânsito será em 5 ou 6 de junho de 2012, completando-se em cerca de sete horas, os anteriores foram em 2004, 1882, 1874, 1769 e 1761.

O segundo evento será um eclipse solar em 20 de maio de 2012, em "conjunção" com o sistema estelar das Plêiades e a passagem do Sol pelo zênite em Chichén Itzá.

Outros eventos citados por Mardyks incluem: um segundo eclipse solar a 13 de novembro de 2012, justamente na véspera da cerimônia asteca do fogo que marcará o fim de um Calendário Periódico; um alinhamento do Sol de solstício com o equador galáctico, a completar-se em 2012; e o retorno de Vênus ao setor da constelação das Plêiades. Embora tais acontecimentos não bastem para provocar uma ruptura nos céus, sua ocorrência talvez tenha algum significado.

*Acontecimentos especiais nos céus, como os eclipses solares, sempre foram vistos com preocupação ou mesmo pânico. Para muitas culturas, eles eram um indício de que existem poderes universais fora do controle humano.*

## Deslocamento da crosta e cataclismo

Em seu famoso livro *Fingerprints of the Gods*, Graham Hancock apresenta a teoria de que um alinhamento planetário muito especial ocorrerá a 24 de dezembro de 2011. Ele propôs essa data como o momento em que o fenômeno fará a crosta terrestre, pressionada pelos gelos polares, sair do lugar e provocar enormes ondas de maré que destruirão toda a vida na Terra. Na época, Hancock acreditava também que essa era a verdadeira data do fim do calendário maia de Longa Duração. Todavia, sabemos hoje – por compreender melhor a correlação entre nosso calendário gregoriano e o calendário maia – que o fim do ciclo de 13-*baktun* corresponde a 21 de dezembro de 2012.

No livro *The Orion Prophecy*,* Patrick Geryl e Gino Rainckx lançam a hipótese de que 2012 testemunhará uma catástrofe global provocada por um alinhamento de planetas e estrelas com a exata configuração da ocorrida em 9792 a.C. Essa data, afirmam os autores, equivale exatamente a um cataclismo anterior que destruiu o continente da Atlântida, forçando os sobreviventes a abrigar-se na América Central, na América do Sul e no Egito.

* *A Profecia de Órion*, Editora Pensamento, São Paulo, 2006.

O alinhamento das estrelas (inclusive Vênus), dizem os autores, secundado por mudanças na atividade solar, fará com que os campos magnéticos da Terra sofram uma completa inversão em curto espaço de tempo. Isso provocará terremotos, deslizamentos, erupções vulcânicas e tsunamis que engolfarão a maior parte da humanidade, demolirão todas as construções e apagarão todas as evidências de nossa cultura. Somente se nos prepararmos desde já, sugerem eles, teremos esperança de sobreviver a essas alterações na Terra – embora, ainda assim, nossas chances sejam poucas.

Os autores de *A Profecia de Órion\** basearam-se nas ideias de Maurice Cotterell sobre a teoria das manchas solares, apresentadas em *The Mayan Prophecies*, combinando-as com suas próprias decodificações matemáticas, para elaborar uma hipótese que, acreditam eles, demonstra a inevitabilidade de um imenso cataclismo a 21 de dezembro de 2012.

Asseguram ainda que a tábua de Vênus no Códice Dresden (ver p. 112) não é apenas um registro dos ciclos do planeta, mas encerra também predições de ciclos de manchas solares de 187.2 anos de duração ou 68.302 dias. Ora, 20 desses ciclos formam o número 1.366.040, que Cotterell associa a seu próprio "supernúmero", com apenas 520 dias a menos que o "Grande Número Maia" de 1.366.560 contido na tábua de Vênus do Códice Dresden.

*O Lintel 14, em Yaxchilan, mostra a senhora Grande Crânio e o Pássaro-Jaguar IV comemorando o nascimento de seu filho numa cerimônia de autossacrifício. Os maias costumavam recorrer a sacrifícios rituais e sangrias na tentativa de preservar a ordem cósmica.*

## Uma concordância de eventos

Por si só, o ciclo de manchas solares de 187.2 anos não bastará para provocar cataclismos – de outro modo, deveríamos esperar desastres toda vez que o Sol atingisse seu ponto culminante de atividade. Mas os autores de *A Profecia de Órion* sustentam que a combinação desse fenômeno com o fato de a Terra estar no ponto-chave de um ciclo de 12 mil anos desde a catástrofe anterior pode ser significativa. E se juntarmos a circunstância do nosso planeta se encontrar exatamente na mesma condição em seu ciclo precessional de 26.000 anos, quando o eixo de inclinação da Terra muda à medida que ela avança para o centro da galáxia, então a concordância de fatores torna o desastre muito mais provável.

No fim das contas, é claro, todas essas ideias referentes a acontecimentos previstos para 21 de dezembro de 2012 são apenas teorias. Felizmente, muitos de nós estaremos vivos para conferir se alguma delas tem realmente fundamento.

## Ciclos naturais

Como vimos, os maias sempre acreditaram nos poderes da Natureza e dos seus ciclos – poderes com os quais nós (em nosso mundo superindustrializado e mecanizado) perdemos contato. O calendário "moderno" de meses irregulares só mantém uma relação aproximada com o verdadeiro significado de "meses" (*months*), que é o de "períodos da lua" ("*moon*"). A vingança exercida contra dois romanos – Júlio César e o papa Gregório XIII, que nos deram os calendários juliano e gregoriano – fica assim explicada.

Os complexos ciclos do calendário maia, com suas rodas dentro de outras rodas, têm um vínculo real com importantes eventos celestes. Graças à ciência moderna, é possível

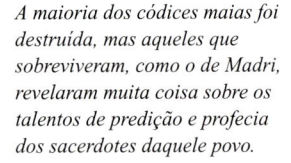

*A maioria dos códices maias foi destruída, mas aqueles que sobreviveram, como o de Madri, revelaram muita coisa sobre os talentos de predição e profecia dos sacerdotes daquele povo.*

saber que em nossa galáxia há ciclos capazes de afetar as condições do planeta. O ciclo dos clarões e das atividades solares influencia os campos magnéticos da Terra. Estamos passando hoje por um processo de inversão magnética – processo que já ocorreu inúmeras vezes no passado, mas não, certamente, sob as condições sob as quais ora vive o planeta.

Escritores e pesquisadores investigaram algumas das várias histórias segundo as quais, aparentemente, a Terra já sofreu grandes e arrasadoras mudanças em tempos idos – mudanças que assinalaram as várias eras em que maias e astecas acreditavam. Nos termos desses relatos, as condições do planeta nunca foram imutáveis e não devemos esperar que doravante o sejam.

## Novas percepções da mudança

Vale lembrar que a ideia do deslizamento continental e a teoria das placas tectônicas só foram divulgadas nos anos 1960. Antes disso, supunha-se que os grandes continentes fossem elementos fixos na superfície da Terra. Essa dolorosa compreensão da instabilidade do mundo é recente; parece ecoar a certeza de Galileu de que a Terra gira à volta do Sol – duas revelações que, em seu tempo, foram consideradas um insulto à visão tradicional que a humanidade tinha de si mesma. Como disse o poeta e dramaturgo T. S. Elliot: "O homem não suporta uma dose muito grande de realidade." Indícios de nossa mortalidade raramente são bem-vindos, embora exerçam sobre nós um estranho fascínio.

Dá-se o mesmo com o fim do calendário maia. Se os maias eram tão sofisticados, literalmente "adiante do seu tempo", poderiam mesmo ter enviado uma mensagem ao longo dos séculos para nos advertir dos perigos que enfrentamos, da sabedoria de que carecemos, dos riscos que assumimos por ignorar nossas origens espirituais?

*Os maias adoravam o deus da chuva, Chac, por saber muito bem quais eram as consequências de sua cólera para os homens. Pintavam-no quase sempre abstratamente, como em Uxmal, onde sua imagem aparece centenas de vezes em vários edifícios.*

# A tradição maia hoje

*A voz dos maias do período clássico ainda ressoa. Fala-nos por intermédio de sua arte, arquitetura, calendário e literatura. Mas fala também por boca da cultura humana viva do próprio povo maia, que ainda habita a América Central e exprime muito da espiritualidade responsável por sua grandeza há mais de mil anos. Como, então, os maias de hoje encaram o fim próximo do calendário de Longa Duração?*

### Como enfrentar os desafios de nossa época
Líderes espirituais maias, como Hunbatz Men e Don Alejandro Cirilo Perez Oxlaj, podem nos ensinar muita coisa a respeito do modo de vivenciarmos estes "tempos interessantes". Hunbatz Men assim falou sobre os desafios da nossa época:

> *Hunab K'u – ele vê e compreende tudo – sabe que chegou a hora da grande mudança. A senha para voltarmos aos antigos templos nos foi enviada do cosmos. Aqui e agora é que o Grande Espírito começa a nos convocar para o regresso aos sítios magnéticos. Os Mestres encarnados já erguem suas vozes sapientes, nos antigos lugares, dizendo que a palavra cósmica para atingirmos a sabedoria de maneira gradual foi recebida.*

*Em Chichén Itzá, os equinócios ainda são celebrados por milhares de pessoas que se sentem ligadas à sabedoria presciente dos maias.*

Ele antevê o momento do despertar espiritual para aqueles que talvez nem sequer o aguardem:

> *A instrução cósmica recomeçará nas encruzilhadas das veredas esquecidas. Em terras ignotas os antigos templos reflorescerão, as estradas brancas da Suprema Iniciação serão de novo percorridas para o sul, o norte, o leste e o oeste. Milhares de pessoas caminharão por essas estradas sob a abóbada do céu, rumo ao ponto onde o Sol nasce, no aguardo do vento solar. Ouvirão esse vento sussurrar de noite, falar com as árvores, mover-se como brisa sutil por entre as casas a fim de purificar os céticos e agitar as nuvens. Quando o vento solar atingir essas pessoas e*

*tocar-lhes gentilmente a face, elas saberão que chegou a hora da iniciação vinda do mar e do céu.*

A mensagem de Hunbatz Men é de respeito pela Terra e os elementos, enquadrando-se no movimento ambientalista cada vez mais vigoroso no mundo ocidental:

*É a ti, Irmão ou Irmã Solar, não importa onde vivas na Terra, que um irmão do país sagrado dos maias se dirige para dar esta informação: os mestres espirituais dos maias, moradores das pirâmides sagradas, ordenaram que nos uníssemos todos a fim de percorrer a senda da luz da sabedoria e aprender de novo com a voz do vento, da água, das árvores e do sol, pois só assim regressaremos ao seio sapiente da Mãe Terra, doadora de vida. Esses mestres espirituais maias exigem também que observemos a ética solar e permaneçamos filhos do Grande Pai Sol – assim, por intermédio de nossos filhos e dos filhos de nossos filhos, existiremos eternamente.*

*Importa que estudes a Terra sagrada, onde corpo e espírito vivem em harmonia, e, pela meditação, ritos e cânticos sacros, perguntes à Mãe Terra o nome dos antigos moradores da área onde agora resides. Se, por algum motivo, não obtiveres resposta, pergunta às pedras, às árvores e aos animais quem foi aquele povo. Quando souberes o nome, diz-lhes com o devido respeito que uma escola será ali montada com a finalidade de revelar os mistérios do conhecimento depositado por eles nesse santo local.*

## É tempo de despertar

Don Alejandro Cirilo Perez Oxlaj trabalha com os crânios de cristal e leva a um público maior o conhecimento das posturas espirituais dos maias. Ele entrevê uma fase de transformação espiritual positiva para aqueles que aceitarem o desafio de "despertar":

*[...] segundo a profecia, os anciãos retornarão. Ela afirma que já é tempo de despertar. Nisso consiste a tarefa de vocês: despertar. O Vale dos Nove Infernos passou e eis que vem o Tempo da Advertência. Preparemo-nos sem demora para a Era dos Treze Céus. Aproxima-se celeremente o momento da chegada do 12 Baktun e do 13 Ahau: estarão aqui, entre nós, para defender a Mãe Terra. A profecia reza: "Que venha a alvorada. Que todos os homens e criaturas gozem da paz, que tudo se banhe em felicidade", pois não deve haver amor apenas entre os humanos, mas também entre todas as coisas vivas.*

# Bibliografia

Argüelles, José. *The Mayan Factor*, Rochester: Bear & Co., 1987. [*O Fator Maia*, publicado pela Editora Cultrix, São Paulo, 1991.]

Aveni, Anthony F. *Skywatchers of Ancient Mexico*, Austin: University of Texas Press, 2001.

Brinton, Daniel G. *The Maya Chronicles*, Filadélfia: 1882.

Closs, M. P. *Mechanism in the Venus Tables of the Dresden Codex: Native American Astronomy*, Austin: University of Texas Press, 1977.

Christenson, Allen J. (trad.). *Popol Vuh: Literal Poetic Version, Translation and Transcription*, Norman: University of Oklahoma Press, 2004.

Christenson, Allen J. (trad.). *Popol Vuh: The Sacred Book of the Maya*, Norman: University of Oklahoma Press, 2003.

Coe, M. D. *Breaking the Maya Code*, Londres: Penguin, 1994.

Coe, M. D. *The Maya*, Londres: Thames & Hudson, 1993.

Cotterell, Maurice. *The Amazing Lid of Palenque*: Brooks Hill Perry and Co., 1994.

Cotterell, Maurice. *The Mural of Bonampak*: Brooks Hill Perry and Co., 1995.

Cotterell, Maurice. *The Supergods*, Londres: HarperCollins, 1997.

Cotterell, Maurice e Gilbert, Adrian. *The Mayan Prophecies*, Londres: Element Books, 1995.

Diamond, Jared. *Collapse*, Londres: Penguin, 2005.

Hancock, Graham. *Fingerprints of the Gods*, Oxford: Heinemann, 1995.

Hapgood, C. *Earth's Shifting Crust*, Filadélfia: Chilton Book Co., 1958.

Kelley, David. *Deciphering the Maya Script*, Austin: University of Texas, 1976.

de Landa, Diego. *Relación de las Cosas de Yucatán/The Relationship of the Things of the Yucatán*, Madrid: Dastin, 2002.

de Landa, Diego (trad. Alfred M. Tozze). *Relación de las Cosas de Yucatán: A Translation*, Periódico do Peabody Museum of American Archaeology and Ethnology, Harvard University, vol. 18, 1941.

de Landa, Diego (trad. William Gates). *Yucatán Before and After the Conquest*, Mineola: Dover Publications, 1978.

Love, Bruce. "A Dresden Codex Mars Table?", *Latin American Antiquity*, 1995, 6:4, pp. 350-61.

Makemson, M. W. "The Astronomical Tables of the Maya", *Contributions to American Anthropology and History*, 1943, 42, pp. 187-221.

Malstrom, V. H. "Origin of the Mesoamerican 260-Day Calendar", *Science*, 1973, 181, pp. 939-41.

Men, Hunbatz. *Secrets of Mayan Science/Religion*, Rochester: Bear & Co., 1989.

Morley, Sylvanus Griswold. *The Ancient Maya*, Stanford: Stanford University Press, 1994.

Morton, Chris e Thomas, Ceri Louise. *The Mystery of Crystal Skulls*, Londres: Element Books, 1994.

Roys, Ralph L. *The Book of Chilam Balam of Chumayel*, Washington: Carnegie Institution of Washington, 1933.

Sahagún, Bernardino de (trad. Charles E. Dibble e Arthur J. O. Anderson). *Historia General de las Cosas de Nueva España (The Florentine Codex: General History of the Things of New Spain)*, vols. 1-12, Santa Fe, NM e Salt Lake City: School for American Research and the University of Utah Press, 1950-82.

Sams, Jamie. *The Thirteen Original Clan Mothers*, San Francisco: HarperCollins, 1994.

Schele, Linda e Friedel, David. *A Forest of Kings*, Londres: William Morrow, 1990.

Stephens, John (ilustr. Frederick Catherwood). *Incidents of Travel in Central America, Chiapas and Yucatán*, Nova York: Harper & Brothers, 1841.

Stephens, John (ilustr. Frederick Catherwood). *Incidents of Travel in Yucatán*, Nova York: Harper & Brothers, 1843.

Stray, Geoff. *Beyond 2012: Catastrophe or Ecstasy*, Lewes: Vital Signs Publishing, 2005.

Taube, Karl. *Aztec and Mayan Myths*, Londres: British Museum Press, 1993.

Tedlock, Dennis (trad.). *Popol Vuh: The Definitive Edition of the Mayan Book of the Dawn of Life and the Glories of Gods and Kings*, Nova York: Simon & Schuster, 1985.

Velikovsky, I. *Worlds in Collision*, Londres: Abacus Books, 1972.

Wilcox, Joan Parisi. *Keepers of the Ancient Knowledge*, Londres: Element Books, 1999.

Willson, R. W. *Astronomical Notes on the Maya Codices*, Periódico do Peabody Museum of American Archaelogy and Ethnology, Harvard University, vol. 6, nº 3, 1924.

## Bibliografia na Internet

Fisher, Suzanne D., M. A. e Fisher, Bruce S., Ph.D. The Chilam Balam and the Popol Vuh:
http://myweb.cableone.net/subru/Mayan.html

Finley, Michael. "The Real Maya Prophecies":
http://members.shaw.ca/mjfinley/mainmaya.html

Foundation for the Advancement of Mesoamerican Studies, Inc. (FAMSI), para os Códice de Dresden, de Madrid, de Grolier e de Paris:
www.famsi.org

Peden, Robert D. "The Mayan Calendar – Why 260 Days?":
www.spiderorchid.com/mesoamerica/mesoamerica.htm

# Índice

Os números de página em *itálico* referem-se a ilustrações/legendas

## A
Abaj Takalik 30
acoma, índios 13
agricultura:
  disseminação da 47
  métodos dos jardins florestais 27
  sistema rotativo 27
água:
  coleta de água da chuva 29-30
  controle 27
  falta 27
  fontes 34
Ah Xoc Kin *ver* Itzam Ná
Ahau, profecia 100
alucinógenos 56
*American Anthropologist* 92
Anasazi 12-3
animais:
  na arte *123*
  sacrifício de 123
ano bissexto 81-2
ano indefinido 80-1
Apachiohualiztli 88, 90
apocalipse:
  ambiental 20-1
  visões do 10-5
Argüelles, José 13, 132-33
arquitetura 26, 32
  material usado 34
arte 26, 30
  aves e animais na 123
  deuses e homens na 52
  murais 58-9, *58*, 60, *67*
  revelações místicas da 58-9
árvore do mundo 54-5
astecas 25, 32, 56
  calendários *18*, 83, *113*
  cidades 35
  civilização 30
  crânios de cristal 142
  deuses 51, 53
  Grande Ciclo 88
  história 43
  Pedra do Sol 90-1, *91*
astronomia 26, 95
  ciclos 104
  edifícios para 35, 105-07
  maia 8, 9, 76, 104-17
  tábuas 93
  Tzolkin, calendário e 76-9
  *ver também* observatórios
Atena *116*, 117
aurora boreal 17
Avendaño, padre 98
Aveni, Anthony 76

## B
B'ahlam, K'inich Kan 38
Bakabs 54
Bolon Yookte' K'uh 54
Bonampak:
  murais 58-9, *58*
Brasseur de Bourbourg, Charles-Étienne 43, 60, 70, 117
Bricker, Harvey e Victoria 110
Brunhes-Matuyama, inversão 18

## C
Cakchiquel 43, 50
Calakmul *34*, 35
Calendário de Longa Duração 7, 8, 9, 50, 69, 84-6, 132-33
  correlação e exatidão 92
  datação de objetos com base no 84-6
  descoberta 84
  fim do 148
  significado metafísico 132
  sistema de contagem 71
  tipo de datação 28, 71
calendário de pedra:
  asteca 90-1
  maia *8*
Calendário Periódico 9, 83, *83*, 148
calendários 69-93
  asteca *18*, 83, *113*
Camozotz 65
canais, sistemas de 27
Caracol 93, 104-05, *105*
  declínio 47
  El Castillo 106
  localização 32-4
  Tzompantli, plataforma *137*
cardeais, pontos:
  divindades e 53-4
Carter, Howard 127
Catherwood, Frederick:
  desenhos e esboços *40*, 41
*cenotes* 34, *35*
cerâmica 30
cerimônia do fogo 83, 148
Chac 51, *151*
Chalchiutlicue 88, *88*, 90, 130
Champollion, Jean-François 41
*Chariots of the Gods* 128
cherokee 13
  ajustes intercalares 82-3
  *Call of Pacal Votan* 132
  correlação e exatidão 92-3
  divindades dos 51
  glifos nos 73-4, 80, *81*
  gregoriano 81-3 92
  Haab' 8-9,76, 80-1, *81*
  Longa Duração 7-9, 28, 50, 69, 71, 84-6, 92, 132-33, 148
  maia 8-9, 10, 43
  olmeca 8, 72, 83
  profecia do tempo nos 69
  sagrado 8
  sincronização 79, 113
  solar 9, 80-1, 83
  Tzolkin 8, 9, 63, 72-9, *73*, *78*, 92, 93, 97
  Vênus 43
Chiapa de Corzo 28
Chichén Itzá *46*, *152*
Chilam Balam 102
  Livros de 66-7, *66*, 97, 99, 101, 102-03, 121
  *chilan* 96-7
chorti, maias 50
Chumayel 66
  Livro de 100-01
Cidade do México 90
  Coyolxuahqui, pedra *143*
cidades-Estado 26
  alinhamento lunar 35
  alinhamento solar 35
  arquitetura 32
  conflitos entre 46
  construção 34-5
  declínio 44-7
  fontes de água 34
  localização 32-4
cimento 34
civilização: atual: fim previsto 7
Cizin *ver* Yum Cimih
códices 11, 42, *43*, 70
  *ver também* Dresden, Códice de, etc.
Coe, M. D. 76
colheitas 27
*Collapse* 44
conquistadores 25, 101
consumo de combustível 20
Convergência Harmônica 13, 132
Copán:
  acrópole 36
  Altar Q 36
  anatomia de 36-7, *36-7*
  declínio 46-7
  deusa Vênus, escultura da *115*
  Escada Hieroglífica 35-6
  Estela A 56
  Grande Praça 37
  Popul Nah 36
  quadra 37
  redescoberta 40-1
  restauração *47*
Cortesianus, Códice 43
cosmologia 26
Cospi, Códice *113*
Cotterell, Maurice 18-9, 59, 91, 116-17, 124, 128, 130, 149
Coyolxuahqui, pedra *143*
crânios de cristal 134-45, *139-40*
  origens 142-43
  significado dos 142
  significado na cultura maia 144-45
crânios:
  de cristal 134-45, *139*, *140*
  em machado cerimonial *145*
  imagens *137*
  imagens ligadas a 140
  origens 142-43
  sabedoria dos 142
  significado dos 142
  significado na cultura maia 144-45
cultura 26

## D
Däniken, Erich von 128
datas:
  sistema de Longa Duração 28, 71
del Rio, Don Antonio 40
deriva continental 151
desmatamento 44
destino 95
  planeta do 114-17

# ÍNDICE

destruição global:
    profecias 10-5
deuses celestes 95, 142-43
deuses da morte 54
deuses *ver* divindades
Diamond, Jared 44
dias:
    glifos 73-4, *75*
dilúvio:
    mitos do 64, 66, 88
divinação:
    rituais 96
divindades:
    conversa com 97
    deuses celestes 95, 142-43
    do calendário 51
    e ciclo da vida 51-2
    e pontos cardeais 53-4
    panteão 50-1
    planetas e estrelas, encarnação 9
    relações com humanos 51-2
    transformações dos 50
Dresden, Códice de 43, 70, 72, 76, 84, *85*, 93, 108
    eclipses, tábua 109-10
    Marte, tábua 110
    tábuas 109-10
    Vênus no 112-14
    Vênus, tábua 113, 149
Duran, Diego *101*

## E

Ehecatl 120
Ehecoatl 88, 90
ejeção de massa coronal (EMC) 16-7, *17*
El Mirador 30
eras 84
    astrológica 84
    fim da 10-1
escrita 26, 29
Esculturas:
    pré-maias *28*
espanhóis:
    chegada dos 124
Estatuetas *101*, *121*
estelas 28, 86
    de Quirigua *93*
    de Santa Lucia Cotzumalguapa *51*, *99*
    em Copán *56*
    em Tikal *87*
    em Toniná *9*
    em Yaxchilan *144*, *149*
estrelas:
    como divindades 95
    desaparecimento 10
eventos celestes:
    em 2012 148-51

## F

Fejervary-Mayer 122
fim dos tempos 10
    zulus 12
*Fingerprints of the Gods* 148
Förstemann, Ernst 43, 84, 86, 92, 93, 109
Frey, Carlos 58

## G

gêmeos:
    Heróis Gêmeos *27*, 54, 59, 60-1, 63-6, 114
    primeiros 63
geomagnética, atividade 19
Geryl, Patrick 148-49
Gilbert, Adrian 18
glifos 93
    dia *75*
    em calendários 73-4, 80, *81*
    mês 80, *81*
    no sistema de datação 86
    significados 74
    vinte dias 73-4
Goodman, Joseph T. 92
Gore, Al 20
Grande Ano 88
Grande Ano Sideral 84
Grande Ciclo 7, 22, 86, 88-9
Gregoriano, Calendário 81-3, 92
Grolier, Códice de 70, 108
Guardião dos Dias 10, 95, 144-5
Gucumatz 50, 63
guerras:
    Vênus e 114

## H

Haab', Calendário 8-9, 76, 80-1
    glifos de mês 80, *81*
Hail, Raven 13
Hallstatt, ciclo 16
Hancock, Graham 148
hano, índios 13
Healey, Giles 58
Heróis Gêmeos 27, 54, 59, 60-1, 63-6, 114
hieróglifos 26

criação dos 50
decodificação 41, 43
histórias de governantes 35, *38*
hindus:
    emprego do zero 70
    visões apocalípticas 11
*History of the Creation of Heaven and Earth* 40
*History of the Indies* 101
*Homo sapiens* 142-43
hopi, índios 13, 15
Huayta, Willaru 15
Huitzilpochtli 53
humanos:
    fertilidade 18
    fim dos 19
Hun Came 54, 63, 65-6
Hun Hunahpú 54, 63, 66
Hunahpú (Herói Gêmeo) 27, 54, 59, 60-1, 63-6, 114
Huracan 63

## I

Idade de Ouro 15, 123
incas:
    previsões 15
*Incidents of Travel in Yucatán* 41
índios pueblo 13-5
infernos:
    maia 55
intercalares, períodos 82-3
IPCC (Intergovernmental Panel on Climate Change) 20
Itxam-Yeh 54
Itzam Ná 50, *50*, 144
itzas 46
Ix'Chel 50
Ixtlilxóchitl, Alva Cortés 43
Izapa 30

## J

jade *126*, 127
Jenkins, John Major 76, 84
Jialing, rio *20*
jogos *60*, 61, *61*, *62*, 63, 64-5
Joia Jaguar *57*
judeus:
    calendários 11
Júpiter, ciclo (ano) 82, 104

## K

K'inich Ahau 50

ka'an, povo *34*, 35
Kaminal-juyu 30
*Katun*, profecias 98-103
*Keepers of the Ancient World* 15
kekchi, maias 50, 134
Kingsborough, lorde 70
Kukulkán 50, 52-3, 117
    culto de 120-24
    retorno de 11, 145

## L

laguna, índios 13
Lahun Chan 51
Landa, bispo Diego de 43, 70, 84, 92, 98-9, 108
Lápida DuPaix 27
Las Casas, Bartolomé de 123
línguas 26, 43, 50
lua:
    como divindade 95
    movimentos da 8
    origem 66
Lubaantun 135-38, *135*
Lundell, Cyrus L. 35

## M

machado:
    cerimonial *145*
Machu Picchu:
    Intihautana, pedra (Parada do Sol) 15
    observatório astronômico *14*
Madrid, Códice de *11*, *42*, 43, 70, 77, *100*, 108, *108*, 110, *150-51*
mães de clã 142
maias:
    arquitetura 26, 32
    auge da civilização 30
    calendários 8-9, 10, 43
    cidades-Estado 32-9
    contemporâneos 152-53
    cultura 26, 40-1, 95
    descendentes 10
    divindades *26*, 50-3
    explicação 7
    extinção dos 9, 21-3, 30, 44-7
    grupos:
        diferenças e semelhanças 50
    história escrita 30
    mitologia 9, 50
    mudanças a ocorrer 10-1
    origens 25

período clássico 8, 30
pós-clássicos 50
predecessores 28-9
profecia 22-3, 95, 96-103
quinta idade dos 10
redescoberta 40-3
sítios principais 29
sociedade 26-7
tempo 8-9
visão de mundo 49-67
Malstrom, Vincent H. 76-9
manchas solares 16, *16*, 149, 150
  ciclos 18
  formação *19*
mandalas 74
Mani 66
Manuscrito de Serna 114
maoris:
  visões apocalípticas 1
Mardyks, Raymond 148
Marte 51
  ciclo (ano) 82, 104
  movimentos de 8
  tábua 110
Marte, Besta 110
Martinez, Juan 92
Matalactli Atl 88
matemática 26
Maudsley, Alfred 70, 92
*Maya, The* (Coe) 76
*Maya Cosmogenesis 2012* 76, 84
*Maya Cosmology* 54-5
*Mayan Factor* 132
*Mayan Prophecies* 18, 124, 149
Meinshausen, Martin 109
meio ambiente:
  crise na época maia 22
  dano irreversível ao 20-1
Men, Hunbatz 144-45, 152-53
mês lunar 82, 93, 104
Mesa Verde:
  Palácio do Rochedo 12
meses:
  glifos 80, *81*
  lunares 82, 93, 104
mesoamericanos 28-9, 30
método de "corte e queima" 44
métodos dos jardins florestais 27
milho, deus do 26
Millbraath, Susan 133
Miller, prof. Mary 58
Mitchell-Hedges, Anna

"Sammy" 136-38
Mitchell-Hedges, Frederick Albert "Mike" 134-38, *134*
Mitla:
  mosaicos *32*
mitologia:
  maia 9, 50
mitos da criação *27*, 43, 50, 54, 59, 63
Mixteca, Código *122*
Mo'Naab, K'inich Akal 38
*Monarchichia Indiana* 123
Monte Albán 29, 30, 72
  Edifício P 107, *107*
  Esculturas *109*
  Observatório *106*, 107
  Quadra *64*
Montejo, Francisco de 101
Morley, Sylvanus 35
Morton, Chris 144
mudança:
  preparando-se para a 147-51
mudança climática 16, 21, 44
mundo celestial 54
  céu maia 55
mundo do meio 54
mundo subterrâneo 54, 63-5
murais 58-9, *58*, 60, 67
Museu Britânico, crânio do 138-9, *139*
Mu-sho-sho-no-no 12
Mutwa, Credo 12

N
*Nations Civilisées du Mexique* 117
nativos americanos:
  crânios de cristal 142
  profecias apocalípticas 13
natureza:
  ciclos 150-51
navajo, índios 13
níveis do mar 21
Nocerino, Nick 140, 142
Nova Era 132
números 70-1, *70*, *71*
  domínio maia dos 8-9
  sagrados 72-3, 79
Nuñes de la Vega, bispo 40, 124

O
Oaxaca 29, 30
observadores do céu:
  de Yucatán 104-07

observatórios *14*, 104-07, *106*, 111
Ocelotl 89
Ocelotonatiuh 90
olmecas 28-9, 32
  calendários 8, 72, 83
  esculturas 28
  migrações 29
  Omeotatl 120
Ordoñes, frei 40, 124
*Orion Prophecy* 148-50
Oxlaj, Don Alejandro Cirilo Perez 10, 152-53

P
Pacal, o Grande (K'inich Janaab Pakal) 27, 38, 124, 126-28, 133
  como Pacal Votan 132-33
  mão *126*
  máscara mortuária 127, 128, *129*
  reinado 127-28
  túmulo 55, 91, 126-27, *127*, 130, *131*
*pachakuti* 15
Palenque 28, 38, 40
  estatueta *101*
  fundação 124
  hieróglifos 133
  máscara do deus solar *82*
  observatório 111
  Pacal, o Grande, tumba de 55, 91, 126-8, *127*, 130, *131*
  redescoberta 40
  Templo da Cruz 38, *38*, 54, *117*
  Templo das Inscrições 38-9, 126
  Templo do Sol 110
  Templo dos Mortos (do Crânio) *141*
Paris, Códice de 70, 108
Paris, crânio 140, *140*
Park, JoAnn e Carl 139
Patecotl 89
Peacock, Kevin 19
Peden, Robert D. 79
Pedra do Sol 90-1, *91*
Período Protoclássico 30
Pirâmide do Sol 30
pirâmides 29, *34*, 35
Placa de Leyden 86
placas tectônicas 151
planetas:
  como divindades 95

como instrumentos do destino 9
poços 34, *35*
pontos da bússola:
  divindades e 53
Popol Vuh *27*, 43, 51, 54, 59, 60-6, 88
povo seneca 13
Primeiro Sol 88, 90
Profecia(s) 22-3, 95, 96-103
  Ahau 100
  anuais 97
  data final 148
  diárias 97
  especiais 102
  *Katun* 98-103
  manipulação 102-03
  moderna visão maia das 152-53
  tipos de 97

Q
Q'ero 15
quadras 61, *64*, *65*
Quarto Mundo:
  fim do 13-5
Quarto Sol 89, 90
Quatro Sóis 88-90
Quetzalcoatl *31*, 50, 53, 97, 117, *120*, *121*, *125*
  culto de 120-24
  retorno de 11, 145
Quetza-Sha 10-1
quiché, maias 43, 50
quinta era 84
  fim da 10-1
Quinto Mundo:
  começo do 13
Quinto Sol 91
Quirigua:
  estela *93*

R
Raincks, Gino 148-49
Reino da Serpente *34*
*Relación de las Cosas de Yucatán* 43, 84, 92
reservatórios 27, 35
rituais 56
  divinação 96
  imagens de 53
  para eclipses 110
rocha calcária 34
Roseta, Pedra de 41

# ÍNDICE

Rosny, Léon de 43
Roys, Ralph L. 101
Ruz Lhuillier, Alberto 126

## S

sacerdotes-astrônomos 8
sacrifício 35, 51
   a Vênus 114
   animal 123
   auto *149*
   humano *35*, 56, 59, 89, 90-1, 123
Sahagun, Bernardino de 121
Sams, Jamie 142
San Bartolo:
   Cuarto de las Pinturas 59
   murais 59
sangria 56, *56*, *57*, 59
Santa Lucia Cotzumalguapa:
   estelas *51*, *99*
Schele, Linda 54-5
Schwabe, ciclo de 16
seca 44-6
Segundo Sol 88, 90
Serpente Emplumada:
   culto da 120-24
   mitos 117
   *ver também* Gucumatz; Kukulkán; Quetzalcoatl
Sete Arara 64
Sexta Geração 15
Shongo, ancião Moses 13
Shu Na Ra, crânio 140
sísmica, atividade 19
*Skywatchers of Ancient Mexico* 76
Smithsoniano, crânio 139
sociedade 26-7
sol:
   campo magnético 117
   ciclos do 16
   como divindade 95
   deus solar *82*
   eclipses 109, *148*
   ejeções de massa coronal 16-7, *17*
   movimento do 8
   mudanças no 149
   origem 66
   relação de Vênus com 114
   solar, atividade 16-19
   solares, clarões 16-7, *17*
      passagem pelo zênite 105
      *ver também* ano solar; manchas solares

Tonatiuh *18*, 90, 91
solar, ano 82, 104
   calendário do 9, 80-1, 83
   ciclo de Vênus e 112-13
solares, clarões 16-7, *17*
solares, eclipses 109, *148*
   tábuas 109-10
Stephens, John 40-1
Suess, ciclo 16
*Supergods* 59, 128

## T

Tábua de Eclipses 43
tábuas de eclipses 109-10
Taripay Pacha:
   era de 15
Taube, Karl 91
tempo:
   ciclos 82-3
   domínio maia do 8-9
   porções de 86
Teotihuacán 30, 32, 91
   estatueta de *121*
   templo de Quetzalcoatl *31*
Terceiro Sol 89, 90
Terra:
   apocalipse ambiental 20-1
   campos magnéticos 18-9, 149, 150-51
   graves acontecimentos em 12
   inversão da polaridade magnética 18
   inversões polares 117
   limpeza 13
   renascimento 13
terraços *27*
terremotos 19
Tesla, Nikola 20
Tezcatlipoca 53, *122*, 123
*The 13 Original Clan Mothers* 142
Thomas, Ceri Louise 144
Thompson, Eric J. 92, 101
tibetanos:
   visões apocalípticas 11
Tikal 22, 30, *45*
   acrópole real 35
   calendário de pedra de *8*
   declínio 44
   pirâmides 32
   templo do Jaguar *33*
   vasos *96*
Tizimin, manuscrito 66, 97, 101
Tlaloc 51
Tleyquiyahuillo 89, 90

tojolabal, maias 50
toltecas 29
Tonatiuh *18*, 90, 91
Toniná 30
   estela *9*
   glifos *60*
   Mural dos Quatro Sóis *67*
Torquemada, Juan de 123
transformação 148-51
*Travels in Central America, Chiapas and Yucatán* 41
Tro y Orlano, prof. Jean de 43
Troano, Códice 43
Tro-Crotesianus, Códice *ver* Madrid, Códice de
Troxell, Dan 13
Tula 123
Tzolkin, calendário 8, 9, 63, 72-9, *73*
   ciclo de 260
   correlação 92-3
   dias 76-9, *78*
   glifos 73-4
   números sagrados 72-3
   profecias diárias 97
   qualidades divinatórias 74
Tzontilic 89, 90
tzotzil, maias 50

## U

Uaxaclajuun Ub'aah K'awill 36
Uaxactun 30
   grupos E de edifícios 35, 104
Uayeb 80
*Uma Verdade Inconveniente* (filme) 20
Uxmal:
   escultura *52*, *151*
   palácio do governador 107

## V

Vaticano-Latino, Códice 88-9, *89*, 90
védicas, visões apocalípticas 11
Velikovsky, Immanuel 116-17
Vento Que Fala 13
Vênus 51
   ciclos 76, 104, 112-13, 149
   como estrela da manhã e da tarde 112
   como o planeta do destino 114-17
   e guerra 114
   movimentos de 8
   nascimento de 116-17, *116*

   no Códice de Dresden 112-13
   órbita 117
   relação com o sol 114
   trânsito de 148
Vênus, ano de 82, 93
Vênus, calendário de 43
Via-Láctea 54-5
   movimentos da 8
vida, ciclo de:
   divindades e 51-2
vigesimal, sistema 70-1
Votan 124
Vucub Came 54, 63, 65-6
Vucub Caquix 59, 64
Vucub Hunahpú 54, 63, 66
vulcões 19

## W

Wakah Chan 54
Wilcox, Joan Parisi 15
Wilson, Robert 109-10
Withbroe, George 17
Wolf Clan Teaching Lodge 13

## X

Xbalanque (Herói Gêmeo) *27*, 54, 59, 60-1, 63-6
Xibalbá 54, 63, 65-6, 130
Xipe Totec 59
Xmucane 63
Xoc, senhora *57*, 144
Xochicalco:
   Zenith Tube 107
Xpiyacoc 63
Xquic 63

## Y

Yax Pasaj Chan Yopaat 36
Yaxchilan:
   estelas *144*, *149*
Yucatán: observadores do ceu 104-07
yucatec, maias 66
Yum Cimih 51

## Z

Zac-Kuk, senhora 127
zapotecas 29-30, 32, 72, 107
zero 70
zulus:
   data final 12
zuni, índios 13

# Agradecimentos

## Fotografias

Somos gratos à Coordinación Nacional de Asunto Jurídicos del Instituto Nacional de Antropología e Historia, México

akg-images 150-51; Bildarchiv Steffens 137: 68-9; François Guenet 50; Erich Lessing 52, 61, 63, 82, 118-19, 145

Alamy Ancient Art and Architecture 116; Bruce Coleman Inc. 127; Cosmo Condina 6-7; Mary Evans Picture Library 59; © M; Timothy O'Keefe 115; (c) Phototake Inc. 17;© Chuck Place 100; The Print Collector 11, 85; Visual Arts Library (Londres) 70, 72, 77

Ancient Art and Architecture: 8, 93, 152-53

The Art Archive Biblioteca National Madrid/Gianni Dagli Orti 103; National Anthropological Museum Mexico/Gianni Dagli Orti 1 & 55, 125; Gianni Dagli Orti 31; Mexican National Library/Mireille Vautier 89; Mireille Vautier 56

The Bridgeman Art Library British Museum, Londres 57

Corbis Diego Azubel/epa 20; Bowers Museum of Cultural Art 62; Gianni Dagli Orti 143; Macduff Everton 47; Bertrand Gardel/Hemis 45; Danny Lehman 94-5; Charles & Josette Lenars 87, 96; NSO/SEL/Roger Ressmeyer 16; Matthieu Paley 21; Keren Su 22; Werner Foreman 53, 113, 122
Getty Images DEA/G Dagli Orti 24-5; DEA/M Borchi 135; Hulton Archive 134; Kenneth Garrett 39; Michael Langford 15

Rex Features Roger Viollet 139, 140

South American Pictures 40; Marion Morrison 88, 110, 130; Tony Morrison 101; Iain Pearson 34; Chris Sharp 105, 121, 133

David Douglas 2, 33, 9, 27, 32-3, 35, 38, 46, 58, 60, 64-7, 91, 106-09; 111, 120, 123, 126, 129, 141, 144, 149, 151 acima

Topfoto British Museum/HIP 4 & 26; 18, 148

Werner Foreman Archive 12, 48-9, 146-47; Anthropology Museum, Veracruz University, Jalapa 28; British Museum 97; Museum of Americas, Madrid 42; NJ Saunders 14; Museum für Volkerkunde, Berlim 51, 99

## Publicações

Todos os esforços possíveis foram feitos para localizar os proprietários de copyrights dos trechos seguintes. O editor pede desculpas por quaisquer erros ou omissões e agradeceria ser notificado de correções a incorporar em futuras reimpressões ou edições deste livro.

p. 4: de *Popol Vuh*, trad. Suzanne D. Fisher M. A., professora de Espanhol no Yavapai Community College, Prescott, Arizona, e Dr. Bruce S. Fisher.

p. 10: de "The Mayan Worldview of the Universe", por Patrisia Gonzales e Roberto Rodríguez, *The Denver Post*, 2 de janeiro de 2000.

pp. 11, 12, 13: citado com permissão de *Beyond 2012: Catastrophe or Ecstasy*, por Geoff Stray, Vital Signs Publishing, UK, 2005, pp. 29, 35, 37-8.

pp. 66, 100, 102, 109, 121; do *Chilam Balam*, trad. Suzanne D. Fisher M.A., professora de Espanhol no Yavapai Community College, Prescott, Arizona, e Dr. Bruce S. Fisher.

p. 58: de um artigo da professora Mary Miller publicado em www.yale.edu.

p. 76: de *The Maya*, por Michael D. Coe, Thames & Hudson Ltd., Londres. © 1966, 1980, 1984, 1987, 1993, e 2004 Michael D. Coe. Reimpresso com a gentil permissão de Thames & Hudson.

p. 128: reimpresso com a permissão da HarperCollins Publishers Ltd. © Maurice Cotterell, 1997.

p. 132: de *O Fator Maia*, por José Argüelles, Rochester, VT 05767 Copyright © 1987, 1966 Inner Traditions/Bear & Co. www.BearandComany.com

pp. 135-36: de *Danger My Ally*, por F. A. Mitchell-Hedges, 1995 Mitchell-Hedges e Honey, www.mitchell-hedges.com

pp. 136, 142, 145, 152-53; reimpresso com permissão da HarperCollins Publishers Ltd. © Chris Morton e Ceri Louise Thomas, 1994.

Desenhistas Claire Dale e Rebecca Johns/Cobalt
Ilustrador Peter Liddiard @ Sudden Impact